99x STOCKHOLM

Handverlesen von
Lisa Arnold

Inhalt

Östermalm

Djurgården

Södermalm

Kungsholmen

Vasastan

Nördliche Randbezirke

Südliche Randbezirke

Schären

Vorwort

Sie müssen kein Schwedenkenner sein oder Stockholm schon öfters besucht haben, um in der Inselstadt das Ungewöhnliche zu entdecken. Die Tipps in diesem Buch lassen sich mit Sightseeing kombinieren, sodass Sie tiefer in das Stockholmer Leben eintauchen können. Das Neue an Stockholm zu entdecken kann zum Beispiel sein, bei bekannten Sehenswürdigkeiten auf besondere Details zu achten. Etwa im Museum für Moderne Kunst, wo die Aussicht aus dem Bistro den Kunstwerken Konkurrenz macht. Oder im Nationalmuseum, das neben hoher Kunst auch aktuelles Design zeigt. Mit manchen Tipps lassen sich außerdem Zeit und Geld sparen, sodass noch mehr Erlebnisse in Ihren Besuch passen. Doch lassen Sie sich nicht hetzen: Für die Schweden gehört Entspanntheit genauso zum guten Ton wie ein zeitloses Outfit.

Die schönsten Stockholm-Momente finden aber nicht in Museen oder Restaurants statt, sondern unter freiem Himmel. Dass man in der Metropole Rad fahren, paddeln, über Dächer klettern, Boule spielen, durch einen Nationalpark wandern und im Meer baden kann – das macht die schwedische Hauptstadt unverwechselbar. Hier, wo die Leute ihre Natur lieben und am ersten sonnigen Wochenende im Frühling ins Freie strömen, sind auch Sie eingeladen, ein bisschen Freigeist, ein bisschen Abenteurer zu sein. Vielleicht probieren Sie statt klassischem Dinner einfach Würstchen oder Hering von kultigen Foodtrucks oder picknicken auf einem Panoramaweg mit Aussicht auf den Sonnenuntergang. Da Stockholm vergleichsweise klein und bei Weitem nicht so überlaufen und verbaut ist wie London oder New York, findet sich für jeden ein hübsches Plätzchen.

Viel Spaß bei der Suche nach Ihrem Lieblingsort und: Hjärtligt välkommen!
Lisa Arnold

Über den Dächern der Stockholmer Altstadt

Die Rooftop-Tour ist nichts für Leute mit Höhenangst: 43 Meter über dem Boden balancieren die Teilnehmer über das Dach des ehemaligen Parlamentsgebäudes auf Riddarholmen, selbstverständlich gut gesichert. Belohnt wird die Überwindung mit einem Rundumblick auf die Altstadt, Innenstadt und die Nachbarinsel Södermalm.

Wer in Stockholm etwas Unvergessliches erleben will, dem sei die Wanderung über den Dächern der Altstadt ans Herz gelegt. Unter Führung eines Guides, der sich mit der Geschichte und Architektur der Stadt auskennt, legen die Teilnehmer in einer Stunde eine 300 Meter lange Strecke über einen präparierten Steg zurück. Dabei sind sie die ganze Zeit an einer Schiene gesichert. Es kann also nichts passieren, auch wenn man die meiste Zeit ohne Geländer zum Festhalten unterwegs ist. Auf Plattformen kann man entspannen und die Aussicht genießen.

Im Sommer führen Guides durch die königliche Begräbniskirche auf Riddarholmen. Statt trockener Geschichtslektion ist das ein lebendiger Streifzug durch sechs Jahrhunderte der Royals.

Wer im Herzen jung und unverzagt ist, wird diese Architektur-Führung mit Weitblick schätzen. Aus 43 Metern Höhe wirken die Gebäude ganz anders. Die verspielten Fassaden der ehemaligen Kaufmannshäuser treten hervor, die Kirchtürme sind plötzlich auf Augenhöhe und der Blick schweift über das Häusermeer bis in weit entfernte Stadtteile.

Wenn möglich, sollte man diese Tour an den Anfang des Stockholm-Besuchs setzen, da sie neben beeindruckenden Bildern auch ein Gefühl für die Stadt, die Inseln und die Entfernungen vermittelt. Hinterher kann man sich in Stockholm viel besser orientieren.

Mit etwas praktischer Vorbereitung wird die Tour ein gelungenes Erlebnis: Stabile Schuhe sind Pflicht, und auch im Sommer empfiehlt sich eine Extrajacke im Rucksack, denn auf dem Dach geht der Wind selbst an warmen Tagen. Der Sicherheit zuliebe sind Fotoapparate verboten. Man bekommt eine durchsichtige Tragetasche für das Smartphone, mit dem das Fotografieren zwar umständlich ist, Selfies und Panoramaaufnahmen aber dennoch gut gelingen.

Takvandring · Treffpunkt: Birger Jarls Torg 4 · 111 28 Stockholm · Tel. 08 22 30 05
www.takvandring.com · T-bana bis Gamla Stan

Ein bisschen Mut muss sein: Wer Stockholm auf's Dach steigen will,
muss in 43 Metern Höhe einen schmalen Pfad ohne Geländer passieren.

Schwedische Tradition und deutsches Reinheitsgebot

Die Bierstube »Zum Franziskaner«, ein Relikt von deutschen Mönchen aus dem Mittelalter, liegt seit 400 Jahren an derselben Adresse in der Stockholmer Altstadt. Hier begleiten Biersorten aus deutschen Mikrobrauereien das traditionelle schwedische Essen – eine gelungene, historisch belegte Mischung.

Im Urlaub den Geschmack der Heimat suchen? Tun das nicht nur einfallslose Stammgäste auf Mallorca? Das deutsch inspirierte Lokal in Stockholm hat nichts mit den Touristenschmeichlern im Süden gemeinsam. Ja, auch das Gasthaus »Zum Franziskaner« wurde für Besucher eingerichtet – allerdings nicht von sonnengebräunten Zeitgenossen, sondern von deutschen Mönchen im Mittelalter. Statt künstlicher Annäherung an deutsche Touristen ist es also eine durch und durch einheimische Einrichtung, und so trifft man hier auch mehr Stockholmer als Besucher an.

Österreichische Kulinarik pflegt das Restaurant Moldau (Bergsunds Strand 33, Södermalm). Da schwelgen Schweden bei Schnitzel und Bier in Erinnerungen an ihren Skiurlaub in den Alpen.

Die ersten Franziskanermönche ließen sich in Stockholm schon um 1220 nieder – rund 30 Jahre vor Birger Jarls erster schriftlicher Erwähnung der Stadt und somit ihrer offiziellen Gründung. Neben Gottesdiensten und Seelsorge sorgten sie auch für Essen und Unterkunft von Reisenden. Nach 200 Jahren in Stockholm erhielten die Mönche von König Erik VII., dem deutschstämmigen Erich von Pommern, das Recht auf Bezahlung für ihre Dienste. Das Gasthaus zog im Zuge des Um- und Ausbaus der Altstadt mehrmals um, doch seit 1622 liegt es stabil an der Uferpromenade Skeppsbron. Erst 2017 haben die Eigentümer gewechselt und das neue Duo nimmt den Auftrag ernst, seltene Biersorten aus deutschen und schwedischen Mikrobrauereien anzubieten. Dazu kochen sie typisch schwedische Gerichte wie eingelegten Hering, gefüllte Kartoffelknödel und »Janssons Versuchung«.

Diese Bierhalle ist und bleibt eine mit Liebe zu Hopfen und Malz geführte Institution mit rustikalem Interieur aus Holz und Jugendstil-Dekor.

Zum Franziskaner · Mo 16–22, Di–Do 16–24, Fr 15–24, Sa 13–24, So 13–22 Uhr
Skeppsbron 44 · 111 30 Stockholm · Tel. 08 411 83 30 · www.zumen.se
T-bana bis Gamla Stan, Bus 2, 55 oder 76 bis Slottsbacken

»Deutsches Bier vom Fass« verspricht die kultige Bierstube in der Altstadt.
Das gemütliche Lokal an dieser Adresse hat eine fast 400-jährige Geschichte.

Smaklig måltid: Der großzügige Heringsteller stärkt für kleines Geld.
Der Sci-Fi-Buchladen unterbricht die Souvenirshop-Parade in der Västerlånggatan.

Gebackener Hering aus kultigem Foodtruck

Das Schild »Nystekt Strömming« verspricht frisch gebackenen Hering, einen Klassiker der schwedischen Küche. Die bebilderte Speisekarte ist durchaus übersichtlich: Darf es Heringsteller, Heringsburger oder Heringssandwich sein? Mit Gurken, Zwiebeln oder Preiselbeeren als Beilage?

Dank der großen Portionen zu günstigen Preisen wird an dem beliebten Foodtruck jeder satt. Den Imbiss auf Rädern gibt es übrigens seit den 90er-Jahren, als man zum Foodtruck noch Fischwagen sagte. Seit 2017 steht er auf der Altstadtinsel und bietet sowohl den Einheimischen als auch den Touristen eine willkommene Alternative zu den traditionellen Restaurants im Rest des Viertels.

Nystekt Strömming · tägl. 10–22 Uhr · Kornhamnstorg · 111 27 Stockholm · Tel. 073 971 92 47
T-bana bis Gamla Stan

Insel der Fantasie und Popkultur

Während andere Buchhändler schließen, hält sich der Science-Fiction-Buchladen dank jährlichem Zuwachs in prominenter Lage. Das Geschäft in der Altstadt bietet Fans von Comics, Fantasyromanen, Krimis, Brettspielen und Sammelfiguren auf zwei Etagen ein unglaubliches Angebot. Jede Ecke im Erd- und Untergeschoss dieses typischen Altstadthauses ist mit Raritäten gefüllt. Dabei ist gerade einmal ein Drittel der Bücher auf Schwedisch, der Großteil der Regale ist mit englischsprachigen Titeln bestückt. Nicht nur Nerds werden hier fündig, sondern jeder mit einer verspielten Seite, und wer nichts kaufen will, kann den Laden als zeitgenössisches Kulturmuseum betrachten.

Science Fiction Bokhandeln · Mo-Fr 10–19, Sa 10–18, So 12–17 Uhr · Västerlånggatan 48
111 29 Stockholm · Tel. 08 21 50 52 · www.sfbok.se · T-bana bis Gamla Stan

05 Wir sehen uns im »Freden«!

Das Restaurant »Den Gyldene Freden« ist das älteste ununterbrochen betriebene Restaurant der Welt. In der 300-jährigen Geschichte des Lokals ist die Stockholmer Kulturelite hier ein- und ausgegangen. Trotz der ehrwürdigen Geschichte gibt sich der »Frieden« als Gaststätte für jedermann.

Im Jahr 1722 gegründet und seitdem am ursprünglichen Platz ohne Unterbrechung erhalten geblieben – das hat kein anderes Lokal der Welt geschafft. »Den Gyldene Freden« darf sich also zweifellos mit dem Prädikat »Stockholmer Institution« schmücken. Sogar das bemalte Schild über der Tür stammt aus dem 18. Jahrhundert. Bekannte Musiker wie Lyriker Carl Michael Bellman, Tenor Jussi Björling und Sänger Evert Taube, der am ersten Tisch links speiste, gehörten einst zu den Stammgästen des »Goldenen Friedens«. Das Restaurant ist nach dem schwedisch-russischen Friedensabkommen von Nystad 1721 benannt, welches das Ende des Großen Nordischen Krieges bedeutete.

Auch Maler Anders Zorn, der zu Schwedens bekanntesten Künstlern gehört und im Nationalmuseum und der Thielska Galleriet vertreten ist, verkehrte regelmäßig in den Gewölben. Ihm haben wir es zu verdanken, dass es das Restaurant bis in die Gegenwart geschafft hat. Im Jahr 1919 stand es nämlich kurz vor der Schließung, und der erfolgreiche Maler kaufte den ganzen Laden, um ihn für die Nachwelt zu erhalten. Zorn ließ das komplette Interieur vom Architekten und Designer Torsten Stubelius neu gestalten, für den das Projekt zum Lebenswerk wurde und der bei Grabungen ein zusätzliches Gewölbe fand.

Außerdem verfügte Zorn testamentarisch, dass weder die klassischen Fleischbällchen noch das Hering-Trio »SOS« jemals von der Speisekarte gestrichen werden dürfen. Der Maler, der nur ein Jahr nach der Übernahme starb, vermachte das Restaurant der Schwedischen Akademie, die die Nobelpreisträger in Literatur kürt. Jeden Donnerstag treffen sich die Literaturikonen im »Freden«, um im Bellman-Salon zu Abend zu essen. Ihr Traditionsgericht ist Erbsensuppe, und sie trinken Schnaps aus speziellen nummerierten Gläsern, die in einer Vitrine aufgestellt sind.

Den Gyldene Freden · Mo–Fr 11.30–22, Sa 13–22 Uhr · Österlånggatan 51 · 111 31 Stockholm
Tel. 08 24 97 60 · www.gyldenefreden.se · T-bana bis Gamla Stan

Fleischbällchen und dreierlei Hering stehen auf der Speisekarte des »Freden«, seit Maler Anders Zorn das Lokal vor hundert Jahren vor dem Bankrott bewahrte.

Der Drachentöter und die Prinzessin erinnern an eine Schlacht zwischen Schweden und Dänen im 15. Jahrhundert.

Die schwedische Prinzessin und der dänische Drache

06

Die Skulptur vom heiligen Georg, dem Drachentöter, gibt es in der Stockholmer Altstadt in zweifacher Ausführung. Während das Original in der Storkyrkan steht, ziert eine Kopie die Einkaufsstraße Österlånggatan. Die Hauptperson der Geschichte übersehen in beiden Fällen fast alle: die zierliche Prinzessin.

Das imposante Original aus Holz und Elchgeweih vom norddeutschen Künstler Bernt Notke wurde 1489 in der Kirche Storkyrkan aufgestellt. Es gilt als einer der wichtigsten Kunstschätze der Stadt. Seit 1912 ziert eine Kopie aus Bronze den Platz Köpmantorget, wo sie über der Einkaufsstraße Österlånggatan thront. Beide Versionen sind sehenswert, doch den Outdoor-Georg besucht man immerhin für lau. Angesichts des großen Ritters im Kampf mit dem Drachen übersehen die meisten Betrachter die eigentliche Hauptfigur des Szenarios: die gerettete Prinzessin, die rechts vom Standbild langsam von der Hecke überwachsen wird. Unterhalb der Skulptur, von der Österlånggatan aus sichtbar, plätschert es an drei Stellen aus dem Felsen, was die drei Wasserwege in Stockholm symbolisiert: Stallkanalen und Norrström nördlich der Altstadt, Söderström im Süden.

Aber warum meint es Stockholm eigentlich so ernst mit dem Drachentöter-Motiv? Die spätmittelalterliche Skulptur entstand als Auftragswerk für Reichsvorsteher Sten Sture den Älteren, um seinem Sieg in der Schlacht am Brunkeberg 1471 ein Denkmal zu setzen. Er selbst wird vom heiligen Georg, dem Drachentöter, verkörpert, der die Prinzessin – die Stadt Stockholm oder das ganze Land Schweden darstellend – vor dem stacheligen Drachen Dänemark rettete.

Schweden war damals (1397–1523) Teil der Kalmarer Union und hatte keinen eigenen König, sondern die Union wurde vom dänischen Königshaus regiert. Im Herbst 1471 zog der dänische König Christian I. mit seiner Armee in Stockholm ein, um den Reichsvorsteher abzusetzen und sich selbst als König von Schweden krönen zu lassen. Das konnte durch den Sieg der Schlacht am Brunkeberg, dem Geröll-Os auf dem heutigen Norrmalm, verhindert werden.

Sankt Göran och draken · Köpmantorget · 111 31 Stockholm · T-bana bis Gamla Stan

Der Hof der deutschen Kirche ist eine Ruheoase im Trubel der Altstadt.

07

Fürchtet Gott, ehret den König!

So lautet der Slogan der deutschen Kirche in Stockholm, der in das schmiedeeiserne Tor eingelassen ist. Seit der Reformation beten die Mitbürger deutscher Abstammung in der evangelisch-lutherischen St.-Gertruds-Gemeinde jede Woche in ihrer Muttersprache.

Salopp könnte man sagen: Schweden hat Stockholm den Deutschen zu verdanken. Denn die Stadt wurde Mitte des 13. Jahrhunderts nicht etwa aus rein schwedischem Bedarf heraus errichtet, sondern entstand als Außenstelle von Hansekaufleuten aus Lübeck. Tyska Brinken, Tyska Skolgränd, Tyska Brunnsplan: Einige Plätze und Straßennamen in der Altstadt erinnern an den Einfluss der Deutschen auf das frisch gegründete Stockholm. Lange machten deutsche Bürger die Hälfte der Stockholmer Bevölkerung aus. Intensive Handelsbeziehungen und deutschstämmige Mitglieder des Königshauses bewirken bis heute eine kulturelle und wirtschaftliche Nähe zwischen beiden Ländern.

In der Stockholmer Altstadt gibt es drei Kirchen: die Domkirche Storkyrkan, die finnische Kirche und die deutsche Kirche, auf Schwedisch: »Tyska kyrkan«. Diese Dreifaltigkeit spiegelt die Zusammensetzung der Stockholmer Bevölkerung im 16. Jahrhundert wider, als die Reformation Skandinavien erreichte und Gottesdienste statt auf Latein in den Volkssprachen abgehalten wurden.

Schon seit Mitte des 14. Jahrhundert gab es auf der Altstadtinsel das Gildehaus St. Gertrud, eine Art Verein der deutschen Kaufleute. Es diente zunächst als Sakralraum, allerdings mussten die Deutschen die provisorische Kapelle mit den Finnen teilen, was nicht besonders gut ankam: Während die deutschen Stockholmer der Oberschicht angehörten, waren die zugezogenen Finnen überwiegend Bau- und Hafenarbeiter.

Die Kirche, wie sie heute zu sehen ist, wurde 1642 eingeweiht. Im Inneren zieren sie allerlei barocke Kunstschätze, allen voran die goldverzierte Königsloge links vom Altar, die der deutschstämmigen Königinwitwe Hedvig Eleonora gewidmet ist. Nach einem Brand im Jahr 1878 bekam die Kirche ihren überproportionalen, 96 Meter hohen Turm, der die ganze Altstadt überragt.

Tyska kyrkan – Deutsche St.-Gertruds-Gemeinde · Fr–Sa 11–15, So 12.30–16 Uhr
Gottesdienst So 11 Uhr · Svartmangatan 16 · 111 29 Stockholm · Tel. 08 411 11 88
www.svenskakyrkan.se/deutschegemeinde · T-bana bis Gamla Stan

08

Von Wellen sanft in den Schlaf gewogen

In der Insel- und Wasserstadt Stockholm kann man sogar im nautischen Stil übernachten: auf einem Hotelboot. Über einen Steg an Bord zu klettern, eine minimalistische Kajüte zu beziehen und durch das Guckloch die Wellen zu beobachten ist ein einmaliges Erlebnis. Besonders charmant: die Jacht »Mälardrottningen« in der Altstadt.

Zentral, ruhig, extravagant und dennoch erschwinglich: Die Hoteljacht »Mälardrottningen« mit 61 Gästezimmern – pardon – Kabinen ist ein Erlebnis an sich. Vor der Altstadtinsel Riddarholmen fest verankert, bietet sie den klassischen Hotelstandard mit Frühstück, Sauna und Restaurant. Obendrauf gibt es die Sommerbar auf dem Sonnendeck, die übrigens auch allen offensteht, die nicht an Bord übernachten, und die Aussicht auf den Mälarsee, den Stadtteil Södermalm gegenüber und das markante Rathaus. Und weil Riddarholmen aus Verwaltungsgebäuden besteht und nahezu autofrei ist, ist ausgerechnet diese zentrale Insel eine der ruhigsten Ecken im ganzen Stockholmer Stadtgebiet.

Überquert man den Steg auf das 1924 in Kiel erbaute Boot, das weltweit größte Motorboot seiner Zeit, legt man den gleichen Weg zurück wie Royals, Machthaber und Schauspieler des vergangenen Jahrhunderts. Ein früher Besitzer der Jacht war nämlich der milliardenschwere Woolworth-Erbe Frank W. Hutton. Er schenkte das Boot seiner Tochter Barbara zum 18. Geburtstag. Das »arme reiche Mädchen« führte ein nach außen hin glamouröses Leben, doch glücklich war sie wahrscheinlich nie. Drei Jahre lang war sie mit Hollywoodstar Cary Grant verheiratet – länger hielt keine ihrer sieben Ehen. 1940 überließ sie das Boot der britischen Marine gegen ein Pfund Sterling. Nach Einsätzen in Panama, Norwegen, Dänemark und Finnland ankert es seit 1982 in Stockholm und verlässt Riddarholmen nur alle fünf Jahre zu Wartungsarbeiten.

Neben der »Königin des Mälarsees« hat Stockholm noch mehr Hotelboote zur Auswahl. Das günstigste ist das schwimmende Hostel »af Chapman« vor Skeppsholmen. Als Luxusadresse gilt »Prince van Orangiën« vor Djurgården. Dazwischen sind die Boote entlang des Söder Mälarstrand und die »M/S Monika« vor Kungsholmen angesiedelt.

Mälardrottningen Yacht Hotel & Restaurant · Södra Riddarholmshamnen 15 · 111 28 Stockholm
Tel. 08 12 09 02 00 · www.malardrottningen.se · T-bana bis Gamla Stan

Die Hoteljacht Mälardrottningen liegt ruhig und zentral vor Riddarholmen.

Mit dem Nachtwächter durch Gamla Stan

Wer traut sich, in die dunklen Ecken der Stockholmer Geschichte zu blicken? Bei der abendlichen Gruselführung »Ghost Walk« kommen die Geheimnisse der Stadt ans Licht – vom Stockholmer Blutbad über Mordfälle und Hinrichtungen bis hin zu schaurigen Legenden.

Keine Lust auf klassische Bustouren, wo die Beschreibung der Sehenswürdigkeiten vom ewig gleichen Band kommt? Der »Ghost Walk« ist die persönlichste aller Stadtführungen durch Stockholm und das Gegenteil zu all jenen Touren, die nur die Glanzlichter einer Stadt hervorheben. Als Nachtwächter verkleidete Schauspieler setzen Stimme und Körper ein, um ihren Gästen Schauer über den Rücken zu jagen. Das ist Geschichts- und Kulturinterpretation in seiner besten Darreichungsform.

Ja, auch die Inselidylle Stockholm hat dunkle Episoden in ihrer Vergangenheit. Die meisten liegen drei bis acht Jahrhunderte zurück, in der Zeit, als die Altstadtinsel Gamla Stan, früher »Stadsholmen« genannt, noch die gesamte Stadt trug. Auf nur 33 Hektar lagen Alltag und Ausnahmezustand, Sitte und Unzucht, königliche Eleganz und hinterhältiger Mord nah beieinander.

Warum mussten sich die Besucher des Freudenhauses davor fürchten, durch die Mårten Trotzigs Gränd zu gehen, die engste Gasse von Stockholm? Was haben Tausende Pestopfer mit dem Vergnügungspark Gröna Lund zu tun? Und wie lautete die Prophezeiung, die ein Mönch über den Nachfolgebau des 1697 abgebrannten Schlosses aussprach – und sich bewahrheitet hat? Der Guide führt oder erinnert an viele Plätze, die Touristen gerne besuchen – und berichtet Geschichten, die aus beliebten Fotomotiven plötzlich groteske Zeitzeugen machen.

Die 90-minütige Gruseltour endet in der Krypta der deutschen Kirche. Deutschstämmige Stockholmer Bürger wurden einst auf dem Friedhof in deutscher Erde bestattet, und als der Platz knapp wurde, stapelte man die Särge im Keller der Kirche. Ein Raum voll loser Knochen soll da auch gewesen sein, und ein paar Erinnerungen daran gibt es noch in dem alten Gemäuer. Der »Ghost Walk« ist spannend – bis zur letzten Minute …

Stockholm Ghost Walk · Treffpunkt: Järntorget 84 · 111 29 Stockholm · Tel. 076 146 66 00
www.stockholmghostwalk.com · T-bana bis Gamla Stan

Die idyllischen Gassen von Gamla Stan sind der älteste Teil der Stadt. Nach fast 800 Jahren bergen sie dunkle Geheimnisse, die der Guide der Gruseltour lüftet.

Das Bistro »Rolf de Maré«, benannt nach dem Gründer des Tanzmuseums, ist eines der angenehmsten Lokale auf der Einkaufsmeile Drottninggatan.

10

Wunderkammer des Tanzes

Das Museum für Tanz und Bewegung ist weltweit das erste seiner Art. Es zeigt die Sammlung von Kostümen, Requisiten und Masken, die Gründer Rolf de Maré auf Studienreisen nach Asien, Afrika und Nordamerika zusammengetragen hat. Im zum Museum gehörenden Bistro geht die Kulturreise weiter.

Als Enkel des Grafenpaares von Hallwyl (Seite 63) wuchs Rolf de Maré inmitten von Kunst und Überfluss auf und lernte früh die Kulturschaffenden seiner Zeit kennen. Seine Neugier auf Tanz, Theater und fremde Kulturen stillte er mit Reisen an alle Enden der Welt. In Form von Kostümen, Masken, Requisiten, Puppen und Stoffen, aber auch in Videos und Fotografien brachte er ein Stück Exotik mit zurück nach Stockholm. Die Sammlung machte er erstmals 1953 als Museum zugänglich, damals im Keller der Königlichen Oper. Nach fünf Umzügen hat das Dansmuseet in der Fußgängerzone Drottninggatan seinen Platz gefunden. Hier, in einem ehemaligen Bankgebäude, stöbern Besucher durch eine liebevoll präsentierte Wunderkammer. Kleine Objekte sind in Vitrinen und Schränken mit Schubfächern versteckt, und zu Bühnenbildern im Miniaturformat erklingt die passende Musik aus Kopfhörern. Zu den Highlights zählen die Kleider des russischen Ensembles »Ballets Russes«, das von 1909 bis 1929 vor allem in Paris auftrat. Die orientalisch inspirierten Kostüme prägten die Mode ihrer Zeit. Rolf de Maré, der selbst einige Jahre in Paris lebte, gründete dort nach russischem Vorbild das schwedische Ballettensemble »Ballets Suédois«. Statt exotischer Kleider trugen die Tänzer eher geradlinige Kreationen, denn Rolf de Maré war ein Vorkämpfer des Modernismus. Im Museum finden sich auch Andenken an dieses Tanzprojekt, das nur fünf Jahre existierte, aber über 2600 Aufführungen auf Bühnen in zwölf Ländern zustande brachte.

Zum Museum gehört das stilvolle Bistro & Weincafé »Rolf de Maré« mit schwedisch-französischer Küche und gemütlich-stylisher Einrichtung in Dunkelbraun und Petrol. Wer eine tagesaktuelle Karte von einem Museum-, Konzert-, Opern- oder Kinobesuch vorlegt, bekommt zehn Prozent Kulturrabatt auf seine gesamte Rechnung.

Dansmuseet · Di–Fr 11–17, Sa–So 12–16 Uhr · Drottninggatan 17 · 111 51 Stockholm
Tel. 08 441 76 51 · www.dansmuseet.se · T-bana bis T-Centralen

11 Angesagte Dachterrassen am Brunkebergstorg

Am Brunkebergstorg ist in den letzten Jahren das moderne Bauprojekt »Urban Escape« entstanden. Das lebendige Viertel mit Restaurants und Bars wird von Dachterrassen bekrönt, auf denen man die nordischen Sommernächte mit Flair und Aussicht auf sich wirken lässt.

Der Platz zwischen dem Kulturhuset, der Einkaufspassage Gallerian und der Fußgängerzone Drottninggatan war bis vor Kurzem nichts als eine graue, kalte Ecke. Bis Investoren das Potenzial der Lage erkannten und mit »Urban Escape« das seit Jahrzehnten größte Stadtentwicklungsprojekt im Stockholmer Zentrum angingen. Das Ergebnis ist ein pulsierender Block mit Designhotels, Shoppingzentrum, Restaurants und – das Beste: drei himmlischen Dachterrassen.
Ideal für einen entspannten Drink am Abend ist »SUS – Stockholm Under Stjärnorna«, was natürlich »Stockholm unter den Sternen« bedeutet. An drei Theken auf der 14. Etage mixen Bartender erfrischende Cocktails und servieren Bier und Wein. Zum Essen gibt es internationales Streetfood.

Gleich daneben liegt der Gourmetkomplex »TAK«, der aus einem Restaurant, einer »Raw Bar« und einer Bar auf der Dachterrasse besteht. Die Küchenchefin Frida Ronge ist für ihr Faible für Japan und Sushi bekannt und mixt schwedische Zutaten mit fernöstlichen Techniken. Für Feinschmecker ein Erlebnis, und die tolle Aussicht gibt's auf dem »Dach« gratis dazu.

Auf der gegenüberliegenden Seite des Platzes hat sich das hippe Hotel »Downtown Camper« etabliert. Es kontert mit einer Dachterrasse in der 9. Etage, die Wellness und Bar vereint. Im »The Nest« kann man unter freiem Himmel im Pool baden, und jeden Samstagabend legen DJs für die »Night Swimmers« von 20 bis 22 Uhr coole Musik auf. Wer nur etwas trinken möchte, ist in der verglasten Cocktaillounge mit Panorama gut aufgehoben.

SUS – Stockholm Under Stjärnorna: April–September: Mo–Fr 15–24, Sa 13–24, So 13–20 Uhr, November–Januar: Do 17–22, Fr 17–23, Sa 15–23, So 15–20 Uhr
Brunkebergstorg 2–4 · www.sthlmunderstjarnorna.co

TAK: Mo–Fr 11.30–14.30 und 17–24 Uhr, Sa 17–24 Uhr · Brunkebergstorg 2–4 · www.tak.se

The Nest im Hotel Downtown Camper by Scandic: tägl. 7.30–13.30 und 14–20 Uhr, Sa bis 22 Uhr
Brunkebergstorg 9 · www.scandichotels.com/downtowncamper
T-bana bis T-Centralen

…und jetzt der »fliegende Entdecker«: Die Dachterrassen bieten gute Aussichten.

12 Der obdachlose Fuchs

Am Ende der Einkaufsmeile Drottninggatan, wo sie die malerische Uferpromenade Strömgatan kreuzt, hockt an der Straßenecke der »obdachlose Fuchs« und blickt auf das Parlament. In eine braune Decke gehüllt, scheint er zu betteln. Ist man nicht darauf vorbereitet oder kommt man im Dunkeln vorbei, kann einen die lebensgroße Bronzeskulptur ganz schön erschrecken. Sie kam 2008 in die städtische Kunstsammlung und die Stockholmer stimmten ab, wo sie platziert werden sollte. Die Entscheidung fiel auf diesen symbolträchtigen Ort zwischen Konsum und Politik. Die Skulptur ist Teil der Serie »Rag and Bone« der britischen Bildhauerin Laura Ford, die Tiere des Waldes als Obdachlose beim Betteln und Dosensammeln darstellt.

Hemlös Räv · Drottninggatan/Strömgatan · 111 51 Stockholm
T-bana bis T-Centralen, Bus 3 oder 53 bis Tegelbacken

13 An Sommerabenden die Oper besteigen

Die Königliche Oper ist nicht nur eine Kulturinstitution, sondern auch eine vielseitige Ausgehadresse am Abend. Fünf Restaurants und zwei Nachtklubs liegen im Operngebäude, das mehr als tausend Räume hat. Die charmantesten Lokale, Guldterrassen und Strömterrassen haben nur im Sommer geöffnet: zwei Balkons mit bester Aussicht auf das Schloss und den Wasserweg »Stockholms Ström«, der an der Altstadt vorbeifließt. Ganzjährig geöffnet sind das Bistro »Brasseriet« im Erdgeschoss, die »Operabaren« mit einer wunderschönen Jugendstil-Glasdecke und das Sternerestaurant »Operakällaren«. Im »Café Opera« und im »End« tanzen Reich und Schön bis in die Morgenstunden.

Strömterrassen: Mai–September Mo–Fr 11.30–01 Uhr, Sa 12–01 Uhr
Guldterrassen: Mai–September Di–Sa 15–22.30 Uhr · Strömgatan 14 · 111 52 Stockholm
Tel. 08 518 398 20 · www.stromterrassen.se, www.guldterrassen.se · T-bana bis Kungsträdgården

Auge in Auge mit dem Reichtstag sitzt der obdachlose Fuchs. Wer bemerkt ihn?
Die Open-Air-Bars auf der Oper bestechen im Sommer mit mediterranem Flair.

Einmaliges Gefährt: Der Ocean Bus, der einzige seiner Art, ist zu Land und zu Wasser unterwegs und zeigt Stockholm aus verschiedenen Perspektiven.

Mit dem Wasserbus durch Straßen und Kanäle

14

Die Tour mit dem Amphibienfahrzeug »Ocean Bus« zeigt Stockholms Sehenswürdigkeiten zu Land und zu Wasser, ohne dass die Passagiere umsteigen müssen. Dass die Guides die Stadt noch dazu humorvoll präsentieren, macht diese Variante des Sightseeing zu einem Tipp gerade für junge Besucher.

Von allen Bus- und Bootstouren, denen Stockholm-Besucher sich anschließen können, ist die Fahrt mit dem Amphibienbus die aufregendste. Und auch die lustigste: Der Guide erzählt anhand guter Geschichten Wissenswertes über Sehenswürdigkeiten entlang der Route. Die erste Hälfte der Tour führt über die Straßen von Norrmalm und Östermalm. Gegenüber der Königlichen Oper geht es los, über den Strandvägen, vorbei an der Nationalbibliothek und dem Königlichen Dramatischen Theater, kurz »Dramaten«.

Wenn der Bus die Gründerzeit-Villen im Diplomatenviertel hinter sich gelassen hat, wird es ernst: Zu Piratenmusik gleitet er im Hafen bei Källhagen zwischen Jachten und Freizeitbooten in den Ausläufer der Ostsee. Der Wechsel vom Land ins Wasser markiert die Halbzeit der Tour. Danach schippert das Amphibienfahrzeug durch die beschauliche Bucht Djurgårdsbrunnsviken und vorbei am Vasa-Museum und dem Vergnügungspark Gröna Lund. Im Sommer herrscht reges Treiben auf dem zentralen Gewässer, wo Sightseeingschiffe, Fähren und Kanuten aufeinander Rücksicht nehmen müssen. Der Ocean Bus umrundet die kleinen Inseln Kastell- und Skeppsholmen, zeigt seine kuriose Pracht den Flaneuren auf dem Strandvägen und ruckelt schließlich wieder zurück an Land.

Wer nach 75 Minuten Abenteuer an der Oper aussteigt, hat nicht nur Zeit gespart, indem er Bus- und Bootstour in einem absolviert hat, sondern auch ein mit Hingabe gestartetes, junges Projekt unterstützt: Erst 2014 sind die Unternehmer-Brüder Max und Paul Ekwall, nach einem Jahr bürokratischem Hürdenlauf, mit dem neun Tonnen schweren Koloss auf Jungfernfahrt gegangen. Der wurde übrigens in den USA gebaut, natürlich auf einem Volvo-Lkw-Chassis.

Ocean Bus Tour · Juni bis August tägl., April–Mai und September–November Do–So, Dezember–März je nach Eis- und Wetterlage. Abfahrtszeiten siehe Homepage
Start: Strömgatan 3 · 111 52 Stockholm (gegenüber von Restaurant Operakällaren)
Tel. 073 688 86 98 · www.oceanbus.se · T-bana bis Kungsträdgården

In einem ehemaligen Bankgebäude liegt heute das noble »Nobis Hotel«.
Wer statt einziehen nur ausgehen will, findet in der Goldbar feine Cocktails.

Glamour, Design und »Stockholm-Syndrom«

15

Designhotel, Ausgeh-Ort, Haus mit Geschichte: Das »Nobis Hotel« hat viele Gesichter. Man braucht hier nicht abzusteigen, um das Interieur und die Atmosphäre an der ersten Adresse im Stadtzentrum zu erleben. Wer den Tag stilvoll ausklingen lassen möchte, bestellt in der »Gold Bar« einen Spitzencocktail.

Stammgäste der »Gold Bar« kennen den Signature Drink des Hauses: Der Strawberry Basil Smash besteht aus Wodka, frischen Erdbeeren, einem Hauch Basilikum und Bio-Agavensirup. Mit 150–160 Kr sind die Cocktails kein billiges Vergnügen, entsprechen aber in etwa dem Preisniveau im Rest der Stadt. Für einen Cocktail in einer beliebigen Stockholmer Bar legt man selten unter 130 Kr hin. Ein großes Bier schlägt mit 60–80 Kr zu Buche, so auch in der »Gold Bar«.

Wo ein Barbesuch also ohnehin ins Geld geht, kann man sich auch gleich eine Top-Adresse aussuchen. Noch dazu streift man im »Nobis Hotel« durch einen Ort mit Geschichte. Bis 1974 war in dem stattlichen Haus die schwedische Kreditbank untergebracht. Am 23. August 1973 nahm der Bankräuber Jan Erik »Janne« Olsson hier vier Personen als Geiseln und ließ einen weiteren Verbrecher, Clark Olofsson, aus dem Gefängnis zu sich bringen. Außerdem forderte er Geld, Waffen und ein Fluchtfahrzeug. Fünf Tage und zwei Telefonate mit Ministerpräsident Olof Palme später kamen die Geiseln frei und die Räuber ins Gefängnis. Es fielen Schüsse durch das Dach, die Räuber bedrohten die Geiseln mit Schlingen um den Hals und die Polizei setzte Betäubungsgas ein, um die Geiseln zu befreien – der Vorfall ging als »Drama am Norrmalmstorg« in die Geschichte ein.

Der Psychiater Nils Bejerot, der der Polizei dabei zur Seite stand, beobachtete, dass die Geiseln eine Art Sympathie für die Räuber entwickelten, mit ihnen kooperierten und auch nach der Freilassung keinen Hass hegten, die Täter sogar verteidigten und vor Gericht nicht gegen sie aussagten. So entstand der Begriff »Stockholm-Syndrom«.

Nobis Hotel · Öffnungszeiten Guldbaren: Mo–Do 17–01, Fr–Sa 16–01, So 17–24 Uhr
Norrmalmstorg 2–4 · 111 46 Stockholm · Tel. 08 614 10 30 · www.nobishotel.se/en/goldbar
T-bana, Straßenbahn 7 oder Bus 2, 54, 55, 69, 76 bis Kungsträdgården

16

Kaffeefahrt mit der Retro-Straßenbahn

Der Caféwagen der Straßenbahnlinie 7N vom Norrmalmstorg nach Djurgården ist der einzige seiner Art in ganz Europa: ein voll funktionstüchtiges Kaffeehaus inklusive Kellnerin auf Schienen. Die Fahrt vereint Sightseeing und Entspannung, und die ständig wechselnde Aussicht auf Stadt und Wasser ist einmalig.

Durch die Stockholmer Innenstadt ruckelt neben Metro und Bussen nur eine einzige Straßenbahnlinie: die Nummer 7 von T-Centralen bzw. 7N vom Norrmalmstorg nach Djurgården. Jeder Besucher ist früher oder später damit unterwegs, weil auf die Museumsinsel Djurgården mit Hauptattraktionen wie Skansen, ABBA-Museum und Vasa-Museum keine U-Bahn fährt. Wer Glück hat, erwischt eine der Nostalgiebahnen (Linie 7N) aus den Jahren zwischen 1910 und 1970. Sie erinnern an die Zeit vor dem Durchbruch der Metro, als rund 20 Straßenbahnlinien die Städter durch Stockholm transportierten.

Mehr als nur ein Transportmittel: Im Caféwagen gibt's Fika mit Aussicht.

Manche davon wurden am Anfang von Pferden und Dampflokomotiven gezogen.

Wer noch mehr Glück hat, erwischt den Caféwagen, den eine übergroße Tasse auf dem Dach und das elegante Design in Blau und Gold von Weitem verraten. Er ist mit Polsterbänken und Tischen ausgestattet und hat eine kleine Küche. Eine Kellnerin nimmt Getränkebestellungen entgegen und geht mit einem Tablett voller Zimtschnecken herum. Auf dem Weg über die Prachtstraße Strandvägen, die Brücke Djurgårdsbron und vorbei an berühmten Museen schwelgen die Passagiere in der Aussicht auf eine der schönsten Gegenden der Stadt. Für die Fahrt im Caféwagen gelten die regulären SL-Tickets nicht, sondern Erwachsene zahlen 35 Kr, Kinder und Jugendliche 20 Kr. Man kann mit einem Ticket beliebig lange zwischen Innenstadt und Djurgården hin- und herfahren. Aus- und wieder einsteigen ist aber nicht vorgesehen.

Auf der Route liegt die sehenswerte Kunstgalerie Liljevalchs, eine der weniger besuchten Attraktionen auf Djurgården. Das Café »Blå Porten« im lauschigen Innenhof bietet mediterrane Küche.

Caféwagen der Djurgårdslinie 7N · April–Juni Sa, So, Feiertage (außer Mittsommer), Juli–Aug. Di–So, Sept.–Mitte Dez. Sa, So, Feiertage, jeweils ca. 11–17 Uhr
Norrmalmstorg 4 · 111 46 Stockholm · Tel. 08 660 77 00
www.djurgardslinjen.se/de/cafewagen · T-bana bis Kungsträdgården

17

Einkaufen und Ausspannen im urbanen »MOOD«-Viertel

Das 2012 eröffnete Einkaufszentrum »MOOD Stockholm« ist das Herz eines dynamischen Viertels in einem von Büros dominierten Teil von Norrmalm. Auch die Straßen drum herum sind bestückt mit modernen Geschäften und Restaurants, wo sich all jene Stockholmer treffen, die eigentlich keine Zeit haben.

Minimalistische Skandi-Mode und funktionales schwedisches Design stehen auf der Wunschliste trendaffiner Stockholm-Besucher. Klassische Shoppingziele mit aktuellen Trends aus dem coolen Norden sind die Einkaufsstraße Biblioteksgatan an der Grenze zwischen Norrmalm und Östermalm sowie das Szeneviertel SoFo (Seite 111) und die Modemeile Krukmakargatan auf Södermalm (Seite 120). Der Geschäftsbezirk City auf Norrmalm wird eher weniger mit entspanntem Shopping assoziiert, ist doch die Fußgängerzone Drottninggatan überwiegend von Mainstream-Namen wie H&M und Zara flankiert. Man muss etwas weiter in das Viertel vordringen, das aus modernistischen Büroblöcken besteht, um eine der aufstrebenden Adressen für Mode, Design und Gastronomie zu finden: das Einkaufszentrum »MOOD Stockholm«.

Ebenfalls zum MOOD-Viertel gehört der trendige Concept Store »The Lobby«, wo wechselnde Marken für Mode, Technik, Design und Schönheit ihre Neuheiten präsentieren (Regeringsgatan 61).

Am Eingang an der Straßenecke Regeringsgatan/Mäster Samuelsgatan lehnt eine überlebensgroße Dame an einer Säule. Wer sich an ihr vorbeitraut, findet sich in einem Einkaufszentrum mit 33 Geschäften für Damen- und Herrenmode, Einrichtung und Kosmetik wieder. Die Gänge sind sparsam beleuchtet und Loungemusik und Vogelzwitschern begleitet den Weg von einem Laden in den nächsten. Dazwischen sind an kleine Gärten erinnernde Sitzecken eingestreut, wo man sich vom letzten Kauf erholen oder sich den nächsten überlegen kann. Für das leibliche Wohl sorgen ein Dutzend Bistros und Cafés. Im Sommer empfiehlt sich ein leichtes Gericht im »EAT Garden«, einem Biergarten mit asiatischem Menü. An kühlen Tagen wärmt ein Besuch in der Instagram-freundlichen Pizzeria »1889« durch.

MOOD Stockholm · Mo–Fr 10–19, Sa 10–18, So 11–17 Uhr · Regeringsgatan 48
111 44 Stockholm · www.moodstockholm.se · T-bana bis Hötorget oder Östermalmstorg

Die Ruhezonen im Einkaufszentrum »MOOD« schützen (vielleicht) vor Impulskäufen.
Im Conceptstore The Lobby zeigen wechselnde Marken ihre neusten Kreationen.

Der Hötorget ist ein Marktplatz mit Tradition. Heute gibt's neben den Basics im Freien auch Spezialitäten aus aller Welt in der gut gefüllten Markthalle.

Der Geschmack der Welt in einer Markthalle

18

In der zweistöckigen Markthalle Hötorgshallen bieten 40 Händler an ihren Ständen Delikatessen und Hausmannskost aus Schweden und dem Rest der Welt an. Man kann sowohl Zutaten kaufen als auch in Restaurants an Ort und Stelle zubeißen. Ein Schlaraffenland besonders für hungrige Familien und Gruppen.

Die coole Eleganz von Stockholm darf jetzt mal kurz draußen bleiben. In der Markthalle am Hötorget stürzt man sich ins bunte Treiben, hier kann es laut und eng werden. Vor allem zum Mittag, wenn die Arbeiter und Angestellten aus Baustellen und Büros eine schnelle Stärkung brauchen, herrscht in der Hötorgshallen Hochbetrieb. Die Auswahl ist riesig und das Preis-Leistungs-Verhältnis stimmt an allen Ständen. 40 Händler und Gastronomen mit Gerichten und Zutaten aus ebenso vielen Ländern – da fällt die Entscheidung schwer. Wie wäre es mit Fisch und Meeresfrüchten von »Hav«? Oder mit würzigen Würstchen bei »Korvkultur«? Bei »Pierias Livs« gibt es Nüsse und Trockenfrüchte – und viele Kostproben. Und die »Finska butiken« hat finnische Spezialitäten wie Pirogen und Kaffeekäse im Sortiment. Die nordischen Klassiker machen aber nur einen kleinen Teil des Angebots aus. So weht auch der Duft von Pizza, Kebab, Meze und Woknudeln durch die Halle.

Im stylishen Foodcourt K25 (Kungsgatan 25) wählen Freunde des schnellen guten Essens zwischen elf Ständen. Hier geht es ruhiger zu als in der großen Markthalle am Hötorget.

Die Markthalle gibt es in dieser Form seit 1958, doch der Hötorget – »Heumarkt« – hat als Handelsplatz eine viel längere Geschichte. Schon im 17. Jahrhundert verkauften hier Bauern aus dem Umland ihre Produkte an die Stockholmer Bürger. Um 1880 baute man die erste Markthalle, die 1953 im Zuge der Modernisierung des ganzen Stadtteils weichen musste. Nördlich der neuen, 2012 renovierten Markthalle ist ein Teil des ehemaligen Marktplatzes unter freiem Himmel bis heute erhalten geblieben. Unter der Woche gibt es dort frisches Obst, Gemüse und Blumen, sonntags den Flohmarkt mit Porzellan und alten Büchern.

Hötorgshallen · 111 57 Stockholm · T-bana Hötorget

19

Stadtspaziergang auf genussvolle Art

Die kulinarischen Stadtführungen in kleiner Runde stellen Gourmets in wenigen Stunden sechs bis zehn angesagte Lokale in einem Stadtteil vor. Das Spektrum der Kostproben reicht von Bio-Eis über warme und kalte schwedische Klassiker bis hin zu Überraschungen aus Fernost.

Stockholm hat sich längst als Gourmet-Metropole etabliert und zieht Foodies aus aller Welt an. Die Stockholmer Restaurants und Cafés sind schön anzusehen und geben sich entspannt, die Qualität der Speisen hält ein durchgehend hohes Niveau und vor Touristenfallen braucht sich kein Besucher zu fürchten. Kurzum: Stockholm ist lecker. – Aber wo anfangen?

Wer die Stadt und ihre Geschmäcker so intensiv wie möglich kennenlernen will, sollte sich einer der Food Tours Stockholm anschließen. Das sind genussvolle Spaziergänge mit bis zu zwölf Teilnehmern von einem Lokal zum nächsten. Die engagierten Guides kennen sich nicht nur mit dem Essen aus, sondern machen unterwegs auf Sehenswertes im Stadtbild aufmerksam. In jedem Restaurant, Pub oder Café gibt es eine charakteristische Kostprobe, dazu Anekdoten vom Wirt. Food Tours Stockholm organisiert Genusstouren in fünf Stadtteilen: Norrmalm, Gamla Stan, Vasastan, Södermalm und im Multikulti-Vorort Husby. Der Klassiker für Stockholm-Besucher ist die »Nordic Experience« im Bezirk Norrmalm. Hier dreht sich alles um die skandinavischen Ess- und Kochtraditionen. Die Teilnehmer kosten sich an zehn Stopps durch Rentier, eingelegten Hering, Garnelen-Toast, Käse und Lakritze. Von allen Touren wird diese am häufigsten angeboten und findet das ganze Jahr über montags und freitags am Nachmittag sowie am Samstagvormittag statt.

Auf Södermalm geht es bei Smörrebröd in Kitschambiente, Hipster-Fleischbällchen, Retro-Süßigkeiten, indischen Gewürzen und Craftbier deutlich hipper zu. Diese Tour findet ebenfalls ganzjährig am Donnerstag-, Samstag- und Sonntagnachmittag statt. Die Vasastan-Runde steht im Zeichen von Handwerk und Technik in der Küche, und in der Altstadt reicht das bunt gemischte Angebot von Eis bis Chinesisch (beide nur samstags).

Food Tours Stockholm · Treffpunkt der Nordic Experience: Hötorget · 111 57 Stockholm
Tel. 010 160 02 80 · www.foodtoursstockholm.se · T-bana bis Hötorget

Die Food Tours Stockholm bringen Genießer in kurzer Zeit in viele Lokale.
Das Konzept gibt es in mehreren Stadtteilen, darunter Norrmalm und Gamla Stan.

20

Wenn das die Garbo wüsste …

Das Hotel Haymarket am Hötorget ist mit seiner Einrichtung im Stil der Goldenen Zwanziger eine der schicksten Adressen der Stadt. Früher lag im selben Gebäude das Modekaufhaus PUB, wo die junge Greta Garbo vor ihrer Filmkarriere Hüte verkaufte. Heute trifft man sich im Bistro »Greta's« zum Mittag.

Mit gerade einmal 14 Jahren fängt Greta Gustafsson als Verkäuferin in der Hutabteilung des 1882 eröffneten Kaufhauses PUB an, dessen Name sich aus den Initialen des Gründers Paul Urbanus Bergström zusammensetzt. Schon damals träumt sie von der Schauspielerei. Der gut bezahlte Job wird zum Sprungbrett, als Greta in Reklamefilmchen modelt: Wie heute flimmert die Werbung vor Kinofilmen über die Leinwand, und so wird die junge Schönheit von vielen in der Szene gesehen. 1922 kündigt Greta, um an der Königlichen Schauspielschule in Stockholm zu studieren. Sie nimmt den Künstlernamen Garbo an und debütiert 1924 im Stummfilm »Gösta Berling«.

Das 2015 eröffnete Hotel Haymarket by Scandic huldigt sowohl der bekannten schwedischen Schauspielerin als auch der Eleganz und dem Optimismus der 1920er-Jahre, der Blütezeit des schwedischen Kinos. Im großzügigen Foyer ergeben Art-Déco-Muster, Messingdetails und rote Teppiche eine glamouröse Mischung, die gar nichts mit der minimalistischen skandinavischen Formsprache von heute zu tun hat. In den 401 Zimmern geht es weniger bombastisch, doch ebenso stilvoll weiter.

Doch man braucht nicht zu übernachten (DZ ab 1500 Kr), um das Interieur zu bewundern. Das Hotel hat zwei Restaurants, die jedem offenstehen. Die amerikanisch inspirierte Brasserie »Paul's« lockt mit einem gediegenen Dinner oder einem üppigen Mittagsbuffet. Das wahre Highlight des Hauses ist aber das legere Bistro »Greta's«, das mit einem femininen Ambiente spielt und sich unter Einheimischen wie Reisenden als zentraler Treffpunkt etabliert hat. Hier lohnt sich unter der Woche der Besuch zum Mittag, wenn hochwertige Tagesgerichte zu fairen Preisen auf den Tisch kommen.

Haymarket · Hötorget 13–15 · 111 57 Stockholm · Tel. 08 517 267 00
www.scandichotels.com/haymarket · T-bana bis Hötorget

Wo heute Designfans essen und wohnen, verkaufte Greta Garbo einst Hüte.

Zwischen Geschäften und Bürogebäuden versteckt sich der lauschige Innenhof.
Das Schwimmbecken im Jugendstil verspricht Erholung und »Kraft aus dem Wasser«.

21

Tiefenentspannung im Jugendstil-Schwimmbad

Im historischen »Centralbadet« geht es nicht um Spaß und Abenteuer, sondern um Erholung und Gesundheit. Das Bad wurde 1904 eröffnet und ist ein Gesamtkunstwerk im Jugendstil mit hinreißender Architektur und einem bewahrten historischen Interieur.

Wo das Shopping-Gewimmel am Ende der Drottninggatan verebbt, lohnt sich der Blick in den Innenhof zwischen einer Pizzeria und einem Schuhladen. Durch das schmiedeeiserne Tor gelangt man in eine grüne Idylle mit einem Springbrunnen in der Mitte. Auf der anderen Seite liegt der Eingang zum Centralbadet, Stockholms historischem Bad für alle.

Das erste öffentliche Bad Stockholms entstammt einer Idee des Architekten Wilhelm Klemming. In einer Zeit, als der durchschnittliche Stockholmer Haushalt keine eigene Dusche hatte, wollte er einen Ort der Hygiene und Entspannung schaffen. In der Gestaltung ließ er sich von der Badekultur in Budapest inspirieren. Bei der Eröffnung 1904 war es Schwedens modernstes Bad, mit drei Becken für Herren, zwei für Damen, Sonnenterrasse auf dem Dach sowie Tennishalle und Kegelbahn in den oberen Etagen. Wie viel Liebe in dem Projekt steckt, sieht man bis heute an der Pflanzen- und Blumensymbolik in allen Ecken. Ein Besuch hier ist eine Wohltat für den Körper, und ebenso für das Auge.

Keine Zeit zum Baden? Das Bistro Ecobaren mit grünem Touch steht jedermann offen. Die ganze Woche werden mittags günstige Bio-Gerichte serviert, gerne mit Wild wie Elch oder Hirsch.

»Ur wattnet styrkan – aus dem Wasser die Kraft« lautet das Versprechen des Bades seit über hundert Jahren. Die Anlage ist natürlich mit der Zeit gegangen, aber ihre zauberhafte Optik ist erhalten geblieben. Heute schwimmen Männlein und Weiblein gemeinsam im ehemaligen Herrenbecken. An beiden Seiten ist es noch immer von an Opernlogen erinnernden Holzkabinen gesäumt, wo die Schwimmer in weichen Sesseln entspannen. Nebenan wartet eine Saunalandschaft mit fünf verschiedenen Saunen, Whirlpool und Kneippbad. Außerdem bietet das Centralbadet Massagen und Gesichtsbehandlungen an.

Centralbadet · Mo–Fr 7–20.30, Sa–So 8–19.30 Uhr · Drottninggatan 88 · 111 36 Stockholm
Tel. 08 54 52 13 00 · www.centralbadet.se · Eintritt ab 18 Jahren, oder ab 16 in Begleitung eines Erwachsenen · T-bana bis Hötorget

Angesagte Skandi-Mode zum halben Preis

Die Modemarken Whyred und Rodebjer zählen zu den schwedischen Labels, die es zu internationaler Bekanntheit gebracht haben. Natürlich sind sie auch in Stockholm vertreten. Während die Flagship-Stores am Norrmalmstorg die neueste Kollektion führen, kann man in den Outlets Schnäppchen aus der vorigen Saison erwischen.

Am Nordende der Shoppingmeile Drottninggatan, wo es in der Fußgängerzone schon ruhiger wird und mehr Cafés als Läden angesiedelt sind, wartet auf ausdauernde Einkäufer eine Belohnung: Seite an Seite liegen die Markenoutlets »Rodebjer Revisited« und »Whyred Selection«. Es sind ganz gewöhnliche Modegeschäfte, die sich nur in ihrer minimalistischen Einrichtung und dem zusammengewürfelten Angebot von ihresgleichen unterscheiden. Statt die übrig gebliebenen Stücke aus früheren Kollektionen oder Prototypen, die es nicht in die Serienproduktion geschafft haben, in abgelegene Outlet-Center zu schaffen, bringen die beiden bekannten schwedischen Modelabels sie lieber im Stadtzentrum unter die Leute. Bei einem Rabatt von 30 bis 70 Prozent auf die Originalpreise lohnt sich der Weg für Fashionistas auf jeden Fall, denn eine so große Auswahl an leistbaren Designerstücken gibt es sonst fast nirgends.

Weitere Markenoutlets: Acne Archive (Torsgatan 53, Vasastan), Swedish Hasbeens Story (Västerlånggatan 65, Gamla Stan) und Kindermode bei Mini Rodini Treasures (Hornsgatan 71, Södermalm).

Whyred steht für minimalistische Mode mit einfarbigen T-Shirts, Jacken und Jeans für sie und ihn, entworfen vom Designer Roland Hjort. Damen seien vorgewarnt: Die hinreißenden Handtaschen aus weichem Leder haben das Zeug zum neuen Lieblingsbegleiter.

Rodebjer macht hingegen Mode nur für Damen. Die verspielten blumigen Muster auf Taschen, Kleidern und Mänteln werden vor allem von den Trendsetterinnen auf Södermalm gerne getragen. Fließende Stoffe, feminine Schnitte und Pastellfarben sind die typische Formsprache der Designerin Carin Rodebjer.

Rodebjer Revisited · Mo–Fr 11–19, Sa 11–17, So 12–16 Uhr · Drottninggatan 92 · 111 36 Stockholm
Tel. 070 790 21 75 · www.rodebjer.com · T-bana bis Rådmansgatan

Whyred Selection · Mo–Fr 11–19, Sa 11–17, So 12–16 Uhr · Drottninggatan 94 · 111 36 Stockholm
Tel. 08 20 95 01 · www.whyred.com · T-bana bis Rådmansgatan

Die Outlets der schwedischen Modemarken Whyred und Rodebjer kennen keine Wühltische, sondern präsentieren selbst Auslaufmodelle stilvoll und ordentlich.

23

Zehn Fotomotive in einer Stunde

Wer seine Stockholm-Reise in gelungenen Bildern festhalten möchte, dem sei diese etwa einstündige Runde (zu Fuß und mit Fähre) empfohlen, die klassische Motive von Schloss bis Djurgården aus einer gelungenen Perspektive ermöglicht.

Eine der fotogensten Ecken von Stockholm ist das Dreieck zwischen Altstadt, Skeppsholmen und Norrmalm, denn hier kommen Wasser, Grün und Architektur zu charmanten Bildern zusammen. Zu der Tour gehört auch eine Fahrt mit der Fähre, sodass das obligatorische Stockholm-Bild mit bzw. vom Boot ebenfalls abgedeckt ist. Sie starten am Platz Tegelbacken und folgen der Strömgatan, wo oft Angler im Fluss vor dem Reichstag nach Lachsen fischen – ein kurioses und gleichzeitig klassisches Stockholm-Motiv. Dann geht es über die Brücke Strömbron. Rechts gibt der »Sonnensänger« mit dem Reichstagsgebäude im Hintergrund ein stimmiges Bild ab. Geradeaus erhebt sich das Schloss, wo sich ein Schnappschuss mit den Wachen oben auf der Logårds-Treppe anbietet.

Von der Uferpromenade Skeppsbrokajen (an der Statue Gustavs III.) ist der Blick auf das Nationalmuseum ideal, dann rückt die Nachbarinsel Skeppsholmen in den Blick. Am Ende der Promenade eröffnet sich ein herrlicher Wasserblick – an der Karl-Johan-Schleuse, kurz »Slussen«, treffen Mälarsee und Ostsee aufeinander. Hier bietet sich eine Pause an: Holen Sie sich bei »Bröd & Salt« (Skeppsbron 3) eine Zimtschnecke auf die Hand und lassen Sie an der Kante des Kais die Beine baumeln.

Am Fähranleger »Slussen Kajen« steigen Sie in die »Djurgårdslinje 82« ein, die wie Bus und Metro zum öffentlichen Verkehrsnetz gehört. Zücken Sie schnell die Kamera, denn die Überfahrt nach Skeppsholmen dauert nur wenige Minuten. Am nordöstlichen Ufer der Insel geht es zurück Richtung Innenstadt. Unterwegs haben Sie ungestörte Sicht auf Djurgården mit Vasamuseum, Nordiska Museet und Gröna Lund. Etwas entfernt sind die Stadtpaläste des Strandvägen zu sehen. Die Brücke Skeppsbron mit den gerne fotografierten Goldkronen bringt Sie zurück aufs Festland. Vom Nationalmuseum fällt noch einmal der Blick aufs Schloss, nun ganz frontal und mit Booten im Vordergrund.

Fotospaziergang · Start: Tegelbacken · 111 52 Stockholm · T-bana bis T-Centralen

Das königliche Schloss, das die Stockholmer liebevoll »Schuhschachtel« nennen, und die Krone auf dem Geländer der Skeppsholmsbron sind beliebte Fotomotive.

24 Baden über den Dächern von Stockholm

Das »Selma City Spa« liegt auf dem Dach des Hotels »Clarion Sign«. Man muss nicht Gast des Hauses sein, um nach einem langen Sightseeing-Tag entspannte Runden im beheizten Outdoor-Pool zu drehen. Gegen Gebühr – je nach Wochentag 300 bis 500 Kr – hat jedermann Zutritt zum Bad und zur Sauna. Handtuch, Badelatschen und Bademantel sind inbegriffen, man braucht also nur Bikini oder Badehose mitzubringen. Wer eine Massage oder Schönheitsbehandlung von mindestens 45 Minuten bucht, schwimmt gratis. Am günstigsten ist der Eintritt mit 250 Kr am Mittwochabend. Obendrein gibt es dann coole Musik, wenn das Spa mit DJs und Cocktails zum Afterwork einlädt.

Selma City Spa · Mo–Di 10–20, Mi 6.30–20, Do 10–20, Fr 10–21, Sa 9–21, So 9–18 Uhr
Östra Järnvägsgatan 35 (Norra Bantorget) · 111 20 Stockholm · Tel. 08 676 98 10
www.selmacityspa.se/en/stockholm-en/ · T-bana bis T-Centralen, Bus 3 oder 53 bis Tegelbacken

25 Winterzauber im Garten des Königs

Wer sagt, dass Stockholm nur im Sommer Spaß macht? Die Schweden wissen, wie man den dunklen Winter aufpeppt, zum Beispiel mit viel Bewegung an der frischen Luft. Deswegen legt die Stadt im Kungsträdgården im November eine Eisbahn an, auf der Locals wie Besucher rasante Runden um die Statue Karls XIII. und dessen Löwen drehen. Dazu erklingt laute Popmusik und gibt der Eisbahn das Flair einer Outdoor-Disko auf Kufen. Dank der großzügigen Öffnungszeiten bietet sich die Eisbahn für einen Spontanbesuch am Abend an, wenn andere Sehenswürdigkeiten geschlossen haben. Schlittschuhe werden vor Ort für rund 80 Kr verliehen.

Eisbahn im Kungsträdgården · November–Anfang März, Mo–Fr 9–21, Sa–So 10–21 Uhr
Kungsträdgården · 111 11 Stockholm · Tel. 0761 29 16 06 · www.stockholm.se/skridsko
T-bana bis Kungsträdgården

Der beheizte Pool des Selma City Spa ist das ganze Jahr über einen Besuch wert.
Wer im Winter nach Stockholm kommt, kann im Kungsträdgården eislaufen.

26 Vegetarische Küche der Meisterklasse

Im Restaurant »Rutabaga« lädt Sternekoch Mathias Dahlgren zu einem 13-gängigen Gourmetmenü ganz ohne Fleisch ein. Die Zutaten kommen überwiegend aus Schweden, aber nicht nur: Exotische Gewürze und Gemüse runden die kulinarische Reise jenseits von Fisch, Wild und Geflügel ab.

In der skandinavischen Feinschmeckerwelt ist Mathias Dahlgren eine echte Größe. Als bisher einziger Schwede hat er die Kocholympiade Bocuse d'Or gewonnen, außerdem stehen ganze drei Restaurants mit Michelin-Sternen in seinem Lebenslauf. Im Jahr 2016 schloss er sein mit zwei Sternen dekoriertes Restaurant »Matsalen« im Stockholmer »Grand Hôtel«, um an gleicher Stelle mutig neue Wege zu gehen: Hier liegt heute das »Rutabaga« (ein schwedisches Dialektwort für die Runkelrübe), ein Gourmetrestaurant mit ausschließlich vegetarischen Gerichten im Menü.

Auch die vegetarischen Restaurants »Sally Voltaire & Systrar« (Åhléns, Klarabergsgatan 50, Norrmalm) und »Matapoteket« (Bondegatan 6, Södermalm) sind einen Besuch wert.

Die Philosophie des Lokals verspricht eine »neue Generation des lakto-ovo-vegetarischen Gerichts«, bestehend aus hochwertigen Zutaten aus aller Welt. Denn obwohl Mathias Dahlgren ein Vorkämpfer der Neuen Nordischen Küche mit saisonalen heimischen Zutaten und traditionellen Kochtechniken ist, braucht ein fleischloses Menü ein paar exotische Tupfer, um verwöhnte Feinschmecker bei Laune zu halten.

Die Gäste wählen zwischen dem großen und kleinen Verkostungsmenü und finden dann Kreationen wie Rote-Bete-Tatar mit gehobelten Walnüssen und Miso, gebratene Gurke mit Meerfenchel und grünem Curry oder das 63-Grad-Ei in Begleitung von Waldpilzen und Trüffeln auf dem Teller. Der Überraschungsfaktor bleibt hoch bis zum Nachtisch, das als süßer, knackiger Salat mit Beeren oder auch als traditioneller Apfelkuchen mit Eis ausfallen kann. Auf der Getränkekarte zeigt man sich dem Motto entsprechend ebenso kreativ: Es fließen sowohl Bioweine als auch herrlich fruchtige Cocktails.

Rutabaga · Di–Sa 17.30–24 Uhr · Södra Blasieholmshamnen 6 · 103 27 Stockholm · Tel. 08 679 35 84
www.mdghs.se/rutabaga · T-bana bis Kungsträdgården, Bus 65 bis Nationalmuseum

Küchenguru Mathias Dahlgren kreiert fleischlose Kunstwerke aus Obst und Gemüse.

Das Nationalmuseum versammelt die großen nordischen Maler und Bildhauer, doch genauso beeindruckend ist das Kapitel zum schwedischen Design.

27

Hohe Kunst kann so einfach sein

Nach langer Renovierung wurde das schwedische Nationalmuseum 2018 wiedereröffnet. Es zeigt Kunst seit dem 16. Jahrhundert und den Werdegang des Designs seit der Industrialisierung. Man braucht nur zwei Stunden für den inspirierenden Rundgang.

Das Warten hat sich gelohnt: Im Oktober 2018 öffnete das Nationalmuseum seine Türen als wiedergeborene Kunstoase erster Güte. Die neue Ausstellung setzt die Höhepunkte der 16 000 Kunstwerke und 30 000 Designprodukte umfassenden Sammlung gekonnt und leicht verständlich in Szene. Sie folgen einem Zeitstrahl vom 16. Jahrhundert bis in die Gegenwart, wobei die zweite Etage die älteren Meister bis zur Französischen Revolution präsentiert und die Etage darunter sich mit Kunst und Design seit 1800 beschäftigt.

Der Start ist kein Zufall: Im Jahr 1523 befreite Gustav Vasa Schweden von der Vorherrschaft des dänischen Königs und legte den Grundstein für das heutige Königreich. Diese Zäsur in der schwedischen Geschichte bedeutete auch einen Neuanfang in der Kunst. Das prachtvolle Gemälde über dem Eingang zur Gemäldesammlung, geschaffen von Carl Larsson, erinnert an den Einzug des neuen Schwedenkönigs in Stockholm.

Besonders sehenswert ist das Kapitel über die Entwicklung des schwedischen Designs seit der Industrialisierung. Es zeigt, dass der Weg hin zum heute so berühmten Minimalismus ein langer war. Unterwegs gab es Abschweifungen wie Karaffen mit Wikinger-Symbolen und Vasen mit Porträts von Schweden in ländlichen Trachten. Das Gebäude selbst beeindruckt mit monumentalen Treppen, imposanten Wandgemälden und einem luftigen Innenhof, in dem schneeweiße Skulpturen wie zufällig platziert sind. Im ganzen Museum manifestiert sich die schwedische Überzeugung, dass Architektur und Design das Leben leichter machen sollen: Im unterirdischen Gewölbe gibt es Toiletten und kostenlose Schließfächer in rauen Mengen, im Restaurant stärkt man sich unter der Woche mit einem günstigen Mittagsmenü und statt Papierbroschüren gibt es eine App zur Ausstellung.

Nationalmuseum · Di–So 11–19 Uhr, Do bis 21 Uhr · Södra Blasieholmshamnen 2
111 48 Stockholm · Tel. 08 51 95 43 00 · www.nationalmuseum.se · T-bana bis Kungsträdgården
oder Bus 65 bis Nationalmuseum

28

Lesestoff in Sachen Architektur und Design

Das »ArkDes«-Museum für Architektur und Design zieht viele Besucher an. Was viele nicht wissen: Es gibt eine lichtdurchflutete Bibliothek, zu der jedermann Zutritt hat. Tausende Bücher und Zeitungen in mehreren Sprachen geben Einblicke in die beiden Herzensthemen der Schweden.

Das Museum »ArkDes«, Schwedens Zentrum für Architektur und Design, ist dank freiem Eintritt, modernem Zeitgeist und einer spannenden Ausstellung ein beliebtes Ziel für Besucher, die sich für das gelungene Zusammenspiel von Form und Funktion begeistern. In der Bibliothek hinter dem »Café Blom« finden sich nur wenige Besucher. Dabei folgt man im »ArkDes« konsequent dem schwedischen Ideal von demokratischem Design, das für jedermann leistbar und zugänglich ist – und so steht auch die Büchersammlung allen Interessierten offen. Rund 24 000 Bücher und Magazine, davon viele auf Englisch, beleuchten alle erdenklichen Aspekte und Entwicklungsstadien der Formgebung von Möbeln, Alltagsgegenständen und Häusern in Schweden und dem Rest der Welt. Die Bücher gehen teilweise auf die Privatsammlungen von prägenden schwedischen Designern wie Sven Markelius, Sigurd Lewerentz und Uno Åhrén zurück. Sie waren in der ersten Hälfte des 20. Jahrhunderts maßgeblich daran beteiligt, schöne und zugleich praktische Dinge auch in Haushalte mit durchschnittlichem oder geringem Einkommen zu bringen. Wenn man die Bibliothek betritt, fühlt man sich in einen funktionalistischen Showroom versetzt: Helle, offensichtlich praktische Möbel verkörpern den Zeitgeist der Moderne, und die Glasfront mit Blick ins Grüne erinnert an die schwedische Vorliebe für die Natur.

Die Bibliothek bietet Gelegenheit, sich eingehend mit der Materie des Museums auseinanderzusetzen. Wer sich mehr für Architektur interessiert, sollte die ständige Ausstellung »Architektur in Schweden« mit Modellen verschiedenster Bauten aus dem ganzen Land nicht verpassen. Zum Thema Design wechseln die Ausstellungen regelmäßig und zeigen einmal zukunftsweisende Produkte und Prototypen, ein andermal Werke einzelner Designer.

ArkDes Bibliothek · Di–Do 10–17, Fr 10–16, So 12–16 · Exercisplan 4 · 111 49 Stockholm
Tel. 08 520 235 00 · www.arkdes.se · Bus 65 bis Arkitektur-/Moderna Museet

Architektur und Design liegen den Schweden am Herzen. Im Museum »ArkDes« kommen beide Themen zusammen, und in der Bibliothek kann jeder sein Wissen vertiefen.

Im »Moderna Museet« beschränkt sich die Ausstellung nicht auf die Innenräume, sondern geht im Park weiter. Das Bistro hat eine zauberhafte Aussicht.

Moderne Kunst und Essen mit Aussicht

29

Das »Moderna Museet« weiß, wie man Besucher aus der Innenstadt auf die grüne Insel Skeppsholmen lockt: mit moderner Kunst von internationalem Rang und einem Skulpturenpark, der immer offensteht. Das Restaurant des Museums erlaubt durch seine Fensterfront einen Blick auf die Stadt, der ein Kunstwerk an sich ist.

Bisher waren die Werke streng chronologisch geordnet; seit 2019 zeigt das Stockholmer Museum für Moderne Kunst seine Kollektion stattdessen in 19 Themenräumen, wo frühe Werke auf zeitgenössische Neuerwerbungen treffen. Zu den Höhepunkten zählen nach wie vor Andy Warhols Pop-Art und die Gemälde der prägenden Modernisten Pablo Picasso und Henri Matisse. Fotos, Videos und Installationen sind ebenso Teil der Ausstellung, mit Werken von Marina Abramovic, Olafur Eliasson, Yayoi Kusama und Yoko Ono.

Der Star des Museums ist jedoch ein Tier: Robert Rauschenbergs »Monogram« aus dem Jahr 1959 ist eine ausgestopfte Angoraziege, die der Künstler in einem Secondhand-Laden für Büromöbel in New York für 15 Dollar erstand und in seinem Studio mit Farben und anderen Materialien kombinierte. Überhaupt ist das Museum stark in Sachen Skulpturen. Ganze 14 umgeben das Museum in einem weitläufigen Skulpturenpark und sind rund um die Uhr ohne Eintritt zu sehen. Nähert man sich dem Museum von der Südseite, fällt die schrille Installation »Paradiset« von den Künstlern Niki de Saint Phalle und Jean Tinguely ins Auge. Bunte, kurvige Frauen- und Tiergestalten stehen im Kontrast zu seltsamen schwarzen Maschinen, die sie zu bedrohen scheinen. Etwas versteckt, auf der Ostseite des Gebäudes, entspannen vier Picasso-Wesen beim »Frühstück im Grünen«.

Apropos Essen: »Das Moderna Museet« hat ein Bistro mit einem großartigen Blick auf Djurgården und den von Booten gesäumten Wasserweg, und im Sommer kann man auf der Terrasse sonnenbaden. Unter der Woche werden die Tagesgerichte von einem großzügigen Salatbuffet begleitet, während das Brunchbuffet am Wochenende Stockholmer nur wegen des Essens ins Museum lockt.

Moderna Museet · Di–So 11–18, Di und Fr bis 20 Uhr · Exercisplan 4 · 111 49 Stockholm
Tel. 08 52 02 35 00 · www.modernamuseet.se · Bus 65 bis Arkitektur-/Moderna Museet

30

Designgeschichte mit Puppen und Zinnsoldaten

In einem unterirdischen Tunnelsystem liegt Stockholms ungewöhnlichstes Museum namens »Bergrummet – Tidö Collection of Toys & Comics«. Es nennt sich selbst Spielzeugmuseum, doch eigentlich ist es viel mehr: geheimnisvolle Grotte, ästhetisches Designmuseum und Ort der Nostalgie, der auch Erwachsenen Spaß macht.

In dunklem Ambiente skizziert das Museum die Entwicklung von Puppen, Modellautos und Comics anhand von effektvoll präsentierten Objekten aus fünf Jahrhunderten. Das Museum zeigt die Sammlung von 40 000 Spielzeugen und Comics, die der schwedische Gutsherr Carl-David von Schinkel, der vom gleichnamigen deutschen Adelsgeschlecht abstammte, auf seinem Barockschloss Tidö westlich von Stockholm zusammentrug und dort auch viele Jahre ausstellte. 2016 zog das Museum in den »Bergraum« um – einerseits, um in der Hauptstadt mehr Besucher anzulocken, andererseits, weil das unterirdische Tunnelsystem eine verspielte Kulisse für die Exponate bildet.

Ein Team aus 40 Designern, Architekten und Bühnenbildnern hat in dieser dunklen Umgebung eine Erlebnisausstellung geschaffen, in der kein Schaukasten dem anderen gleicht: Modellautos finden in einem zweigeteilten alten Volvo ihre Plätze, Astronauten geistern durch eine Kugel und Puppen hängen ordentlich aufgereiht hinter Glas. Eine eigene Abteilung zeigt Tiere, Puppen und Burgen, mit denen einst Königskinder gespielt haben. Die Exponate lassen sich bis auf wenige Ausnahmen nicht anfassen, doch die aufregende Berghöhle, die abwechslungsreiche Präsentation und die auf die Themen abgestimmte Geräuschkulisse wiegen den Mangel an Interaktivität wieder auf.

Das Symbol des Museums ist das ultimative Symbol des Spiels überhaupt: der Ball. Wer aufmerksam ist, entdeckt an der Decke eine Schiene, über die immer wieder ein Ball klappert. Der ist übrigens die Kopie eines 120 Jahre alten Balls aus einer Art Kautschuk, die man in einem der Schornsteine des Stockholmer Schlosses gefunden hat.

Bergrummet – Tidö Collection of Toys · Di–Do und Sa–So 10–17, Fr 10–16 Uhr, Juni–August tägl. 10–17 Uhr · Svensksundsvägen 5 · 114 49 Stockholm · Tel. 08 59 90 84 30 www.bergrummet.com · Bus 65 bis Östasiatiska Museet

Die einfallsreiche Gestaltung des Spielzeugmuseums und das aufregende Ambiente in der Felshöhle machen den Bergrummet zum lohnenden Insidertipp.

Die Devise der Stockholmer: »Nutze jeden Sommertag, als ob es der letzte wäre.«

Im Hallwyl'schen Palast verstehen sich Ausstellung und Aperol ausgezeichnet.
Die Bar im geschützten Innenhof ist ein besonders charmanter Treffpunkt.

31

Auf einen Drink mit dem Grafenpaar von Hallwyl

Das Hallwylska Museet zeigt, wie eine der reichsten Familien der Stadt um die Jahrhundertwende lebte. Der Stadtpalast birgt unzählige Kuriositäten, von der Kunstsammlung bis zur Kegelbahn auf dem Dachboden. Im Sommer kann man im sehenswerten Innenhof in einer der schönsten Bars der Stadt entspannen.

Der 40 Zimmer starke Stadtpalast in der Hamngatan ist nach dem Tod seiner adligen Bewohner Walther (1839–1921) und Wilhelmina von Hallwyl (1844–1930) unangetastet geblieben. Die Hausherrin ließ schon zu Lebzeiten den gesamten Hausrat von Studenten katalogisieren. Wobei man unter »Hausrat« nur das Beste vom Besten verstehen darf: Die Hallwyls hatten alles, was sie wollten. Wilhelminas Kunstsammlung beinhaltet Werke flämischer Meister, Kunsthandwerk und 300 Jahre altes Porzellan aus China. Im großen Salon glänzen vergoldete Möbel, aus denen sich die Gräfin ihren »eigenen kleinen Klondike-Goldrausch« zusammenstellte.

Genauso spannend wie der Luxus sind die technischen Raffinessen, die sich das Paar früher als seine Zeitgenossen leistete: elektrisches Licht in allen Räumen, Zentralheizung, Zentralstaubsaugeranlage, fließendes warmes Wasser, einen Speisenaufzug (der Personenaufzug stand still, weil Wilhelmina fand, das Fahren damit schade dem Charakter) und Telefone zur Kommunikation im Haus und mit dem Rest des Landes. Außerdem erinnert der Gymnastikraum auf dem Dachboden daran, dass die Gräfin jeden Morgen um 9 Uhr unter Aufsicht einer strengen Krankenpflegerin trainierte.

Man kommt auch nicht umhin, die Architektur des Hauses zu bewundern, das 1898 fertig war und den Hallwyls als Winterdomizil, Büro und Galerie diente. Architekt Isak Gustaf Clason ließ sich bei der Gestaltung der Fassade von spanischen und italienischen Renaissancepalästen inspirieren. Der heimliche Star des Palastes ist der Innenhof mit Springbrunnen und Balkons. Im Sommer werden hier eine Bar und ein Restaurant im Freien aufgebaut, deren Atmosphäre kaum ein anderes Lokal übertrifft.

Hallwylska Museet · Januar–Juni und September–Dezember: Di–Fr 12–16, Mi bis 19, Sa–So 11–17 Uhr; Juli–August: Di–So 10–19 Uhr · Hamngatan 4 · 111 47 Stockholm
Tel. 08 402 30 99 · www.hallwylskamuseet.se · T-bana bis Kungsträdgården oder Östermalmstorg

32

Suchtgefahr: Wo Snus-Fans Höhenflüge erleben

Das schwedische Tabakprodukt »Snus« ist im Rest der EU verboten und reizt gerade deswegen viele Touristen zu einem Selbstversuch. Im Flagship-Store vom Hersteller »Swedish Match« gibt es alle erdenklichen Stärken und Geschmacksrichtungen. Außerdem kann man dem Tabak ein persönliches Wunscharoma verleihen.

In Schweden sieht man kaum Raucher, denn das Rauchen ist fast überall verboten: in Lokalen, im Zug, an sämtlichen Metrostationen und seit 2019 auch an Restauranttischen im Freien. Die schwedische Regierung träumt von einem komplett rauchfreien Land bis 2025.

Tabak wird trotzdem konsumiert: Jeder vierte Schwede und sechs Prozent der Schwedinnen nehmen regelmäßig »Snus«. Das ist eine Form von Oraltabak, den man sich portionsweise unter die Oberlippe schiebt, von wo das Nikotin über die Mundschleimhaut ins Blut gelangt. Der Tabak geht in runden Dosen zu etwa 24 Gramm beziehungsweise Portionen über die Ladentische. Im Rest der EU ist der gewerbliche Verkauf dieser Produkte verboten, offiziell aufgrund von Gesundheitsrisiken. Dabei haben Studien belegt, dass der Konsum von Snus zu 90 Prozent weniger schädlich ist als das Rauchen von Tabak, weil die Lunge nicht betroffen ist und niemand durch Passivrauchen in Mitleidenschaft gezogen wird.

Im Nachbareingang liegt »Löfbergs Rosteri & Kaffebar«, ein weiterer Kultname in der schwedischen Genusswelt. Er steht für Kaffee in allen Variationen (Kungsgatan 3).

Der Hersteller »Swedish Match« zeigt im Flagship-Store am Stureplan die ganze Bandbreite an Sorten: 20 Marken, fünf Stärkegrade und um die zehn Geschmacksrichtungen gibt es zur Auswahl. Außerdem kann man im Laden aus natürlichen Aromen spontan seine eigene Note kreieren. Die Kombination aus Himbeere und Lakritz war bei so vielen Kunden beliebt, dass Swedish Match sie ins reguläre Sortiment aufnahm. An der Kaffeebar können Neulinge einen Espresso mit »Prilla« bestellen, also mit einer einzelnen Snus-Portion.

Swedish Match · Mo–Fr 10–19, Sa 10–17, So 12–16 Uhr · Kungsgatan 3 · 111 43 Stockholm
Tel. 010 139 30 01 · www.swedishmatch.se · T-bana bis Östermalmstorg

Tabak für eine neue Generation: Der Snus-Hersteller Swedish Match präsentiert sein Sortiment in einem lässigen Café an bester Adresse.

Der Halbitaliener Axel Notini beherrschte die Stuckkunst wie kein anderer. Sein üppig dekoriertes Zuhause zeigt die ganze Bandbreite seines Talents.

Im Showroom des Stuckmeisters

Das 1883 erbaute »Haus des Stuckateurs« ist ein unbekannter Kunstschatz. Umgeben von modernen Wohnhäusern, sticht seine reich verzierte Fassade hervor. Führungen erlauben einen Blick in die Prachtwohnung, die der Meistergipser Axel Notini wie zur Präsentation seiner handwerklichen Fähigkeiten ausstattete.

Am Beginn des 19. Jahrhunderts wanderten viele Italiener nach Schweden aus, darunter der Gipser Domenico Notini aus Lucca. Die Hierarchie unter den Musikanten, Ballonverkäufern und Handwerkern war streng, und an der Spitze standen die Stuckateure. Denn ihr Können war selten, aber höchst gefragt, als sich die Architekten auf elegante historische Baustile zurückbesannen. Sein Sohn Axel Notini entwickelte die Möglichkeiten des Handwerks erfolgreich weiter zu fantasievollen Stuckleisten, detaillierten Reliefs und freistehenden Skulpturen. In Stockholm stattete er unter anderem das Schloss Rosendal, die katholische Domkirche St. Erik, das Erbfürstenpalais und die Festsäle im »Grand Hôtel« aus. Notini Junior hatte die optimale Zeit erwischt: Das frisch industrialisierte Stockholm erlebte um 1880 einen Bauboom und Neorenaissance und Klassizismus lechzten nach Dekor.

Der interessanteste Weg zum Haus des Stuckateurs führt von der Station »Hötorget« über den Sveavägen und durch den Brunkebergstunnel. Der ist fotogen und überrascht mit mysteriösen Geräuschen …

Um Kunden von seinem Können zu überzeugen, versah Axel Notini sein Haus mit einer atemberaubenden Pracht. Die Etage, die er mit Ehefrau Augusta, sechs Kindern und zwei Haushälterinnen bewohnte, ist heute ein Museum. Im Esszimmer kann man die Decke bestaunen, die wie Holz aussieht, aber natürlich aus Stuck besteht. Und der Salon ist ein Gesamtkunstwerk mit einer muschelförmigen Sitznische, unzähligen Engelsfiguren und einem großen Kachelofen. Obwohl die Führungen selten und bislang nur auf Schwedisch abgehalten werden, lohnt sich der Weg zum Haus, wenn man in der Gegend ist, denn schon die Fassade spricht Bände über Notinis Geschick.

Stuckatörens Hus · Eintritt nur im Zuge von Führungen. Termine siehe Homepage.
David Bagares Gata 10 · 111 38 Stockholm · Tel. 08 508 316 20 ·
www.stadsmuseet.stockholm.se/kalendarium · T-bana bis Hötorget oder Östermalmstorg

34

Ein Kino mit verruchter Vergangenheit

Das Kino »Zita« ist eine Kultstätte unter schwedischen Cineasten. Und weil ausländische Filme nicht synchronisiert, sondern mit Untertiteln gezeigt werden, ist ein Blick auf den Spielplan auch für Touristen sinnvoll. Kuriose Geschichte: In den Sälen flimmerten einst erotische, (sehr) bewegte Bilder über die Leinwände.

Das Programmkino »Zita« zeigt seit 1913 Filme und ist damit das älteste Kino der Stadt, das noch in Betrieb ist. Es gehört heute zum nationalen Programmkino-Verband »Folkets Bio« und hat sowohl schwedische als auch internationale Filme abseits des Mainstreams im Programm. Wer sich nach tiefgründigen Geschichten sehnt, die nicht dem gängigen Schema einer Hollywood-Produktion folgen, ist hier richtig. Die ausländischen Filme werden durchweg in Originalsprache mit schwedischen Untertiteln gezeigt und es finden sich so gut wie immer englischsprachige Titel im Programm.

Das Kino »Saga« mit Neonschrift und Baldachin am Eingang und elegantem Interieur ist ein Relikt aus der Blütezeit des schwedischen Kinos um 1920 (Kungsgatan 24).

Angesichts des hohen Anspruchs, den das Programmkino »Zita« an die Filmemacher und sich selbst stellt, überrascht der Einblick in die Geschichte des Hauses. Bis in die 1970er spielte das Kino, das von »Winterpalast« über »Goldener Kuckuck« zu »Rita« immer wieder umgetauft wurde, zeitgenössische schwedische und amerikanische Filme. Doch dann machte sich die sexuelle Freiheit auch bei den Lichtspielhäusern bemerkbar: Ein letztes Mal umbenannt, etablierte sich »Zita« als Erotikkino. Nun kamen die Zuschauer nicht mehr zu einem bestimmten Film, sondern die aufreizenden Streifen flimmerten ununterbrochen über die Leinwände und die Besucher gingen je nach Vorlieben ein und aus. Im Foyer bot eine garderobenähnliche Kabine für nur einen Zuschauer absolute Privatsphäre. Mit dem Aufkommen von Videotheken wurde das Erotikkino nicht mehr gebraucht und schloss 1991. Frisch renoviert eröffnete es zwei Jahre später als das Programmkino, das es bis heute ist.

Zita · Birger Jarlsgatan 37 · 111 45 Stockholm · Tel. 08 23 20 20 · www.zita.se
T-bana bis Östermalmstorg oder Rådmansgatan

Ein bisschen anders: Im Programmkino Zita laufen keine Mainstream-Filme.

Die königliche Bibliothek mit dem hübschen Lesesaal hat alle schwedischen Titel in ihrer Sammlung, doch ihr größter Schatz stammt aus Tschechien.

Wer findet die Schatzkammer mit der »Teufelsbibel«?

Die Nationalbibliothek birgt ein faszinierendes Geheimnis: Zwischen all den schwedischen Büchern, die ausländischen Reisenden wenig sagen, liegt in einer dunklen Schatzkammer die größte Handschrift der Welt. Die »Teufelsbibel« anzusehen ist gratis und geht ohne Eintrittskarte oder Anmeldung.

Eigentlich heißt die um 1229 angefertigte Handschrift »Codex Gigas«, also »großes Buch«, doch der Spitzname »Teufelsbibel« ist natürlich viel spektakulärer. Und er ist berechtigt: Der Legende nach hat ein Benediktinermönch im tschechischen Podlažice den 94 mal 50 Zentimeter großen, 310 Seiten starken und 75 Kilo schweren Wälzer in nur einer Nacht geschrieben. Er hatte eine Straftat begangen und sollte deswegen lebendig eingemauert werden. Er versprach, im Gegenzug für seine Freilassung in Rekordzeit das größte Buch der Welt zu schreiben. Als der arme Mönch das Vorhaben um Mitternacht scheitern sah, rief er den Leibhaftigen zu Hilfe – und schaffte es. Das Werk beinhaltet das Alte und das Neue Testament sowie die älteste Chronik des Landes. Außerdem findet sich inmitten der Heiligen Schrift ein ganzseitiges Bild des Teufels mit giftgrüner Fratze.

Im Hauptgebäude der Bibliothek ist der alte Lesesaal sehenswert. Auch bietet sich ein Spaziergang durch den Park Humlegården an, der die Bibliothek umgibt.

Das Buch wechselte öfters den Besitzer und kam um 1600 in die Kuriositätensammlung des Habsburgerkaisers Rudolf II. in Prag. Diese ganze Sammlung beschlagnahmte die schwedische Armee im Dreißigjährigen Krieg und so kam die Handschrift 1648 als Kriegsbeute nach Stockholm. Nach langem Bitten aus Tschechien erlaubte Schweden 2007, das Buch für ein paar Monate in Prag auszustellen. Seitdem liegt es wieder in seiner modernen Schatzkammer in der Königlichen Bibliothek. Besucher müssen das klassizistische Hauptgebäude durchqueren und sich in den zweiten Stock des Anbaus begeben, um sie zu finden. Das Buch ist digitalisiert und viele Seiten sind auf der Homepage der Bibliothek zu sehen.

Kungliga Biblioteket · Mo–Do 9–19, Fr 9–18, Sa 11–15 Uhr · Humlegårdsgatan 26
102 41 Stockholm · Tel. 010 709 30 00 · www.kb.se/codex-gigas
T-bana bis Östermalmstorg oder Rådmansgatan

36 Kult-Würstchen vom Grillspezialisten

Wenn Stockholmer Spitzenköche nach ihren Lieblingslokalen gefragt werden, fällt oft der Name »Östermalms Korvspecialist«. Denn die unscheinbare Würstchenbude hat nichts mit den Billigimbissen im Rest der Stadt zu tun, wo trockene Fleischstränge unter Rotation warm gehalten werden. Der »Wurstspezialist« Hugo nimmt das Grillhandwerk ernst und serviert würzige Spezialitäten in über 25 Varianten. Die Zwiebel-, Cayenne-, Käse- und Currywürstchen werden in frischen Brötchen serviert und die Schweden bestellen sich dazu gerne einen kalten Kakao. Um die Mittagszeit kann es länger dauern, weil der Preis ab 50 Kr für den deftigen Snack unschlagbar ist.

Östermalms Korvspecialist · Mo–Fr 11–21, Sa–So 11–18 Uhr · Nybrogatan 57B · 114 41 Stockholm
Tel. 08 782 95 79 · www.ostermalmskorvspecialist.se · T-bana bis Östermalmstorg

37 Modernes Design-Hotel ohne Rezeption

Das in der zentralen Seitenstraße Riddargatan gelegene »Story Hotel« zählt zu Stockholms modernsten Adressen. Das Boutique-Hotel funktioniert ganz ohne Rezeption. Statt einer Schlüsselkarte erhält der Gast einen Zugangscode per SMS oder E-Mail. Mit diesem checkt er an einem Bildschirm ein, erfährt die Zimmernummer und öffnet die Tür. Die 83 Zimmer sind in einem urbanen, aufgemöbelten Industrie-Chic mit blanken Betonwänden, modernen Kunstwerken, hochwertigen Betten und blumigen Keramikwaschbecken gestaltet. Im Erdgeschoss stärkt das zum Hotel gehörige Bistro »Ling Long«, wo das gesunde Frühstücksbuffet aufgetischt wird, Hungrige mit asiatischen Häppchen.

Story Hotel · Riddargatan 6 · 114 35 Stockholm · Tel. 08 545 039 40
www.storyhotels.com/riddargatan · T-bana bis Östermalmstorg

Stattliche Portionen und ehrlichen Geschmack gibt's beim Wurstspezialisten.
Nach dem digitalen Check-in finden sich die Gäste in ihrem coolen Zimmer wieder.

38

Den Ton angeben, ganz ohne Notenlesen

Man muss kein Musikus sein, um im »Scenkonstmuseet« einen eingängigen Sound zu komponieren. Man braucht nicht einmal Noten lesen zu können. Das Museum für alle Arten der Bühnenkunst, gelegen zwischen Theater und Hofstall, birgt eine Klangwelt zum Anfassen und Ausprobieren, ideal für Familien.

Das »Scenkonstmuseet« zählt zu den interaktivsten der Stadt und verspricht Lernen durch Spielen und Ausprobieren. In vier Abschnitten widmet sich die Dauerausstellung »Auf der Bühne« den Themen Theater, Musik, Tanz und Puppentheater. Attraktionen zum Mitmachen und historische Artefakte aus vier Jahrhunderten, darunter ein Kostüm vom Hofballett des französischen »Sonnenkönigs« Ludwig XIV., wechseln sich ab und ziehen die Besucher Stück für Stück durch die drei Etagen des Hauses.

Lust auf Bühnenkunst? Im Nationaltheater »Dramaten« blickt man bei einer Führung hinter die Kulissen und in die Kostümsammlung. Nach Renovierung gibt's ab Januar 2020 wieder Termine (www.dramaten.se).

Jeder mag seinen persönlichen Favoriten woanders in der Ausstellung finden, doch ein heißer Kandidat ist die Wand mit 16 Instrumenten hinter Glas, von denen Klänge im selben Rhythmus eingespielt sind, die sich über Kopfhörer frei kombinieren lassen. An anderer Stelle wird die Beziehung zwischen Musik und Tanz umgedreht: Anstatt dem Rhythmus mit dem Körper zu folgen, erzeugen die Bewegungen neue Töne. Diese und an die 20 weitere Stationen richten den Scheinwerfer auf den Besucher und dessen eigene Kreativität.

Übrigens ist das moderne Museum in einem historisch wertvollen Haus untergebracht: Die »Kronobageriet«, eine ehemalige Bäckerei, wurde um 1640 erbaut und ist Stockholms ältestes erhaltenes Industriegebäude. Die Architektur ist von der schwedischen Großmachtzeit geprägt: Mit kleinen Fenstern und dicken Mauern erinnert sie an Militärgebäude und diente eine Zeit lang auch als Waffenlager. Und mehr als 300 Jahre lang wurde hier Brot für die Armee gebacken.

Scenkonstmuseet · Di–So 11–17 Uhr · Sibyllegatan 2 · 114 51 Stockholm · Tel. 08 519 567 00
www.scenkonstmuseet.se · T-bana bis Kungsträdgården oder Östermalmstorg

Das historische Gebäude der alten Bäckerei steht im Kontrast zu ihrem modernen Inhalt: eine interaktive Ausstellung mit Tanz, Theater und viel Musik.

Weiße Ponys, schwarze Warmblüter, elegante Kutschen und schmucke Oldtimer:
Der Rundgang durch den königlichen Hofstall spricht die ganze Familie an.

Pferdestärken für jeden Anlass

Ein Besuch im Hofstall zeigt: Bei Königs ist Volvo-Fahren genauso in Mode wie eine Parade aus prächtigen Pferdekutschen. Besonders Familien mit Kindern können sich hier auf eine interaktive Sehenswürdigkeit freuen, denn im höfischen Fuhrpark mit Pferden, Oldtimern und Kutschen gibt es für alle etwas zu sehen.

Der Königliche Hofstall ist kein Museum, sondern ein voll funktionstüchtiger Arbeitsplatz. Das Personal mit dem Hofstallmeister als Chef organisiert alle offiziellen Transporte des Königshauses per Auto und Kutsche: festliche Paraden zu Hochzeiten und zum Nationalfeiertag, das Eskortieren von zwei bis vier Staatsbesuchen pro Jahr und die vier Diplomatenbesuche am monatlichen »Botschaftertag«. Im Winter kann auch ein Anruf aus dem Haus von Kronprinzessin Victoria kommen, die mit Mann und Kindern im Pferdeschlitten durch das verschneite Djurgården fahren will.

Wer einen Blick hinter die Kulissen dieses anachronistischen Fuhrparks werfen will, kann dies im Rahmen von Führungen tun, die das ganze Jahr über auf Englisch und Schwedisch angeboten werden. Dabei erzählt ein Angestellter des Hofstalls Anekdoten aus dem Alltag, öffnet die Tür zum Kutschen-Depot mit über 30 Schönheiten und lässt Besucher die »Hochzeitslimousine« bewundern, einen Daimler DE 27, Baujahr 1950. Der Höhepunkt des einstündigen Rundgangs ist vor allem für junge Teilnehmer ein Besuch bei den 13 Pferden, allesamt Wallache der Rasse schwedischer Warmblüter. Außerdem hat der Hofstall zwei Ponys mit Wuschelmähne, die von den Nachwuchsprinzessinnen Estelle und Leonore geritten werden.

Man sollte meinen, ein Hofstall liege beim Schloss und nicht mitten in der Stadt. So war es auch bis 1884, als der um 1700 eingeweihte alte Hofstall dem heutigen Parlamentsgebäude weichen musste. Daraufhin entwarf Architekt Fritz Eckert das Ensemble aus neun roten Backsteingebäuden, dem Rundbögen, Türme und Tourellen das Aussehen einer Burg verleihen.

H. M. Konungens Hovstall · Eintritt nur im Zuge von Führungen. Januar–Juni und September–Dezember: Sa–So, Juli–August: Mo–Fr, So. Genaue Zeiten siehe Homepage. Väpnargatan 1 · 114 51 Stockholm · Tel. 08 402 61 05 · www.kungligaslotten.se/hovstallet T-bana bis Kungsträdgården oder Östermalmstorg

40

Estrid Ericson und Josef Frank bitten zum Tee

Das Geschäft »Svenskt Tenn« ist ein Mekka für Fans des schwedischen Designs. Doch statt minimalistischer Askese findet man hier einen warmen Treffpunkt mit Andenken für jedes Budget vor. In der zweiten Etage ist ein Teesalon mit Möbeln und Geschirr nach Art des Hauses eingerichtet.

Mit seinen charakteristischen Blumenmustern, die jedes bürgerliche Zuhause in Stockholm zieren, hat ausgerechnet ein Österreicher schwedische Designgeschichte geschrieben: der Architekt Josef Frank aus Wien. Er entwarf die Stoffe und Möbel für »Svenskt Tenn«, die zu Einrichtungsklassikern werden sollten. Bis heute führt das Geschäft zu 80 Prozent Produkte nach den Ideen des Design-Duos Ericson und Frank. Im Teesalon darf sich jeder mit einer Tasse Tee oder Kaffee in eines der weichen Sofas sinken lassen und den Ausblick auf die Bucht Nybroviken genießen.

Es ist eine schicksalhafte Geschichte. In Stockholm gründet die 30-jährige Estrid Ericson aus dem westschwedischen Dorf Hjo 1924 mit dem Erbe ihres Vaters ein eigenes Einrichtungsgeschäft. Es heißt »Svenskt Tenn«, übersetzt »schwedisches Zinn«, weil Ericson anfangs mit Metall arbeitet. Obwohl sie bald auf Möbel setzt, bleibt der Name bestehen. Sie bezieht Waren aus Amerika, England, Frankreich und Italien. Außerdem bestellt sie 1932 beim damals schon namhaften Architekten Josef Frank aus Wien, der mit einer Schwedin verheiratet ist. Das Paar mit jüdischen Wurzeln flieht vor den Nationalsozialisten nach Stockholm, wo Estrid Ericson den Österreicher anstellt. Für Svenskt Tenn hat Frank über 160 Stoffmuster und 2000 Möbelstücke entworfen.

In einer Zeit des Minimalismus und der Funktionalität waren die Designs von »Svenskt Tenn« ein seltener Anblick. Josef Frank war zwar ein Modernist der ersten Stunde, kritisierte aber bald die drohende Einförmigkeit des pragmatischen Bauhaus-Gedankens. Er erlaubte, ja wünschte Wärme, Komfort und Lebendigkeit in seinen Kollektionen und nannte seinen Stil »humane Moderne«.

Svenskt Tenn mit Teesalon · Mo–Fr 11–18, Sa 10–17, So 11–16 Uhr · Strandvägen 5
114 51 Stockholm · Tel. 08 670 16 00 · www.svenskttenn.se
T-bana bis Kungsträdgården oder Östermalmstorg

Mit Mut zu Blumen und Farben gelang dem Team hinter »Svenskt Tenn« ein Möbel-Design, das mittlerweile ein Klassiker ist. Im Teesalon darf jeder probesitzen.

41 Die schönsten Fassaden des Strandvägen

Der Strandvägen ist Stockholms exklusivste Wohnadresse. Hinter den dekorierten Fassaden wohnen Prominente, Geschäftsleute und Diplomaten. Statt mit der Straßenbahn vorbeizuzischen, bietet sich für Flaneure ein Spaziergang an, bei dem sie die vielen Details wahrnehmen können. Ein Wegweiser zu drei sehenswerten Gebäuden.

Der Strandvägen mit seiner monumentalen Zeile aus dekorierten Wohnhäusern mit Türmchen und großzügig dekorierten Fassaden verläuft mit der schönsten Uferpartie der Stadt und verdient das Prädikat Prachtstraße. Sie wurde ab 1882 bebaut und war pünktlich zur Kunst- und Industrieausstellung 1897 fertig. Die Architekten brachten es fertig, die aus separaten Wohnungen bestehenden Häuser wie Adelspaläste wirken zu lassen, indem sie ganze Häuserblöcke mit einheitlichen symmetrischen Fassaden bedeckten und das Mittelstück mit Säulen, Skulpturen und Balkons hervorhoben. Die üppigste

Die Bauten am Strandvägen sind voller spannender architektonischer Details.

Ausstattung findet sich an der Hausnummer 25–27, gestaltet von Architekt Oskar Eriksson. An den Ecken ragen barocke Türmchen in die Höhe, vier korinthische Säulen betonen die Mitte und eine Armee von Karyatiden, also Figuren statt Säulen, flankiert die Fenster der vierten Etage.

Dieser mondäne Stil voller Elemente der griechischen Antike hielt sich nicht lange. Wenige Jahre später gestaltete der jüngere Architekt Isak Gustaf Clason die Fassaden links und rechts des Monumentalbaus. Er hatte Italien, Spanien und Frankreich bereist und neue Einflüsse mitgebracht. Die Fenster am Haus für Baumeister Thavenius mit der Nummer 19–21 sind unscheinbare Öffnungen im Putz, dafür konzentriert sich der Schmuck auf die Mitte. Unter der Dachkante zieht sich ein Sgraffito mit tanzenden Putten bis in die nächste Seitenstraße. Beim nächsten Auftrag, dem Wohnhaus für den deutschen Holzhändler Friedrich Bünsow, Nummer 29–33, zeigte Clason, was er über die französische Renaissance gelernt hatte: Die Ecktürme sind von den Schlössern der Loire inspiriert; statt durch Säulen, Pilaster und Skulpturen entsteht der künstlerische Effekt durch Muster aus mehrfarbigen Ziegelsteinen. Über dem Eingang sind der Hausherr und seine Frau Allona in Medaillons verewigt.

Strandvägen · 114 56 Stockholm · T-bana bis Kungsträdgården oder Östermalmstorg

Die Häuser im Diplomatenviertel sind heute die teuersten Adressen von Schweden.
Obwohl verschiedene Architekten am Werk waren, wirkt das Viertel harmonisch.

Architektur-Spaziergang durchs Diplomatenviertel

42

Wo alle anderen Touristen am Ende des Strandvägen auf die Museumsinsel Djurgården übersetzen, sollten Freunde schöner Architektur den Spaziergang fortsetzen. Hinter dem Nobelpark liegt nämlich das Diplomatenviertel mit exklusiven Villen, gestaltet von den prägenden Architekten des vorigen Jahrhunderts.

Im Jahr 1911 plante man in Stockholm einen gigantischen Nobelpalast im verspielten Jugendbarockstil. Gebaut wurde er nie, doch geprägt hat er das Stadtbild trotzdem: Der Nobelpark und die Straße Nobelgatan im Anschluss erinnern an das Projekt, außerdem legten die Stadtarchitekten daneben ein exklusives Villenviertel an. Sie nannten es »Diplomatstaden«, weil man hier Botschaften und Residenzen vorsah. Doch die Bauherren und ersten Bewohner der zwölf Nobeladressen waren, bis auf einen, wohlhabende Privatpersonen. Die Vorgabe, dass die Fassaden aus Backstein bestehen sollten, hat dem Ensemble einen einheitlichen Charakter verliehen.

Die Villen wurden zwischen 1913 und 1932 erbaut, in einer Zeit, als sich die Architekten vom Dekor der Jahrhundertwende abwandten und sich auf die schlichte Formsprache der Nationalromantik besannen. Ein großer Name dieser Epoche war Ragnar Östberg, der das 1923 eingeweihte Rathaus, das »Stadshuset«, und zwei Villen im Diplomatenviertel entworfen hat. Die Villa Geber (Nobelgatan 5), das älteste Haus im Diplomatenviertel, ist wie auch das Rathaus von italienischen Palazzi inspiriert. Vielleicht fühlte sich der italienischstämmige Unternehmer und »Fahrradkönig« Salvatore Grimaldi an seine Heimat erinnert, als er die Villa 2001 – das damals teuerste Einfamilienhaus Schwedens – für umgerechnet 7 Millionen Euro kaufte. Den Rekord schlug erst der Verkauf der von Carl Westman gestalteten Bünsow'schen Villa (Nobelgatan 17), die das Königreich Saudi-Arabien für umgerechnet 12 Millionen Euro erstand. Mittlerweile sind im Diplomatenviertel tatsächlich Botschaften und Residenzen angesiedelt. Nördlich des Villenviertels haben sich in den 1950er- bis 1970er-Jahren weitere Auslandsvertretungen niedergelassen, darunter die deutsche und amerikanische Botschaft.

Diplomatstaden · Nobelgatan · 115 27 Stockholm
Tram 7 oder Bus 69, 76 bis Djurgårdsbron

Mekka für Sammler von Modelleisenbahnen

Das unscheinbare Hobbygeschäft »Eskader« in einer ruhigen Seitenstraße auf Östermalm entpuppt sich beim Hineingehen als Himmel auf Erden für alle, die von Modelleisenbahnen und sonstigem Modellbau nicht genug bekommen können. Mit Produkten wie Märklin-Zügen, Dampfloks und Modellautos im beeindruckenden Sortiment lässt der Laden keine Wünsche offen. Außerdem findet man hier eine riesige Auswahl an Figuren im Maßstab 1:500 bis 1:22. Familie Langhorst versorgt Modellbaufans seit 1931 mit teilweise selbst gebauten Raritäten und betreibt das Geschäft heute in dritter deutschsprachiger Generation. Kunden kommen und bestellen aus aller Welt, und mit ihnen über ihr Hobby zu plaudern, ist für die Langhorsts Ehrensache.

Eskader Model Trains · Mo–Fr 10–17, Sa 10–13 Uhr · Grevgatan 69 · 114 59 Stockholm
Tel. 08 662 18 53 · www.eskader.se · T-bana bis Karlaplan

Sollen sie doch Torten & »Bullar« essen

Die Konditorei »Tösse« stillt den Appetit auf süße Leckereien seit 1920. Zu ihren Kunden zählen keine Geringeren als das schwedische Königshaus: Sowohl Kronprinzessin Victorias als auch Prinz Carl Philips Hochzeitstorte kam aus der Tösse-Zuckerbäckerei. Das charmante Retro-Café am Karlavägen mit kaum 20 Sitzplätzen ist am Wochenende heillos überfüllt, doch an Werktagen hat man gute Chancen auf einen Platz am Fenster und ein hausgebackenes Törtchen oder eine butterverwöhnte »Rimbobulle«. Von Januar bis Ostern gibt es außerdem die »Semla«, ein schwedisches Fastengebäck mit Mandelmasse, das entweder klassisch als Brötchen oder neumodisch als Wrap daherkommt.

Tössebageriet · Mo–Fr 7–18, Sa 9–17, So 9–16 Uhr · Karlavägen 77 · 114 49 Stockholm
Tel. 08 662 24 30 · www.tosse.se · T-bana bis Karlaplan

Bei »Eskader« gibt es Modelleisenbahnen für die Spuren T und H0.
Die Konditorei »Tösse« hat den Samla-Wrap erfunden, backt aber sonst traditionell.

Weiße Tischdecken und leckere Hausmannskost gibt's im Järnvägsrestaurangen.
Von außen deutet nichts auf das elegant-nostalgische Lokal im Bahnhof hin.

Schwedische Klassiker im Zeitreise-Restaurant

Das »Järnvägsrestaurangen« im Bahnhof Östra Station ist ein Relikt aus den schwedischen 1930er-Jahren. Die seit 80 Jahren unveränderte Einrichtung im Stil des Funktionalismus, das Deckengemälde zu Ehren verschiedener Handwerker und die klassisch schwedische Küche lohnen den Weg an den Rand von Östermalm.

Wer lieber kuriose Orte erkundet, als in die gleichen Lokale zu stolpern wie alle anderen Touristen, kann sich im »Järnvägsrestaurangen« auf eine kleine Zeitreise freuen. Das 1932 eröffnete Lokal liegt im Bahnhof Stockholms Östra Station, der mit der Metrostation Tekniska Högskolan zusammenhängt und von wo Regionalzüge in die Provinz Roslagen nördlich von Stockholm abfahren. Es hängt über der Eingangshalle, die man durch die kreisrunde Öffnung in der Mitte überblickt. Die außergewöhnliche Architektur des ebenfalls kreisrunden Restaurants, das von einem Deckengemälde zu Ehren von Bahnarbeitern und anderen Handwerkern in Roslagen bekrönt wird, ist an sich schon eine Attraktion.

Die künstlerische Gestaltung der Metrostation Tekniska Högskolan folgt dem Thema »Elemente und Naturgesetze« und erhielt 1973 den Kasper-Salin-Preis für Architektur. Der Hingucker: ein riesiger Kristall.

Hinzu kommt die unveränderte Einrichtung aus Birkenholz mit schwarzen Details, die in den 1950er-Jahren durch zwei gläserne Trennwände ergänzt wurde. Diese wurden damals aufgestellt, weil man Wein nur in geschlossenen Räumen servieren durfte. Heute trennen sie den Bistrobereich für ein schnelles Brötchen vom Restaurantteil mit weißen Tischdecken. In den 1930er-Jahren setzte sich in Schweden in Architektur und Design der Funktionalismus durch, auch »Funkis« genannt, der schnörkellose Fassaden, geradlinige Möbel und eine generell schlichte Formsprache mit sich brachte. Im »Järnvägsrestaurangen« versteht man, was damit gemeint ist.

Seit 1935 wird das Restaurant von derselben Familie betrieben. Die Wirtinnen aus Roslagen servieren typisch schwedische Hausmannskost wie Garnelensuppe, gebratenen Hering und Fleischbällchen mit heimischen Zutaten und reichlich Sahne und Butter.

Järnvägsrestaurangen · Mo–Fr 10–22, Sa 11–21, So 12–20 Uhr · Drottning Kristinas Väg 1 114 28 Stockholm · Tel. 08 612 00 14 · www.ostrastation.se · T-bana bis Tekniska Högskolan

46 Auf zwei Rädern durch den Nationalstadtpark

Wer Djurgården nicht erkundet, verpasst die Lieblingsinsel der Locals. Hier kommen alle Vorzüge zusammen, die die schwedische Hauptstadt so liebenswert machen: erstklassige Museen, ein kilometerlanger Weg am Wasser und ganz viel Grün. Insider leihen sich ein Fahrrad aus und gleiten entspannt durch das kleine Paradies.

Wer in Stockholm Zeit für mehr als die berühmtesten Sehenswürdigkeiten und Stadtrundfahrten hat, kann einen sonnigen Tag unvergesslich machen, indem er an der Brücke Djurgårdsbron ein Fahrrad ausleiht und die Insel im Vorbeifahren betrachtet. Einmal um die Insel – das sind fast zwölf Kilometer und die gehen beim Spazieren in die Beine und ins Zeitbudget. Aber mit dem Fahrrad erreicht man auch die abgelegenen Highlights wie den charmanten Bio-Garten »Rosendals Trädgård«, das Schloss Rosendal und die »Thielska Galleriet« zügig und entspannt. Abseits des Touristentrubels rund um Skansen und ABBA-Museum zeigt sich die Insel als ruhige Idylle, die mit jedem Meter grüner wird. Das ist kein Zufall: Das Eiland, das übersetzt »Tiergarten« heißt, war früher königliches Jagdrevier. Auf Djurgården gibt es Nordeuropas größten Bestand an alten Eichen und einen kleinen See namens »Lappkärret«, um den ein Spazierweg herumführt – »Kronprinzessin Victorias und Prinz Daniels Liebesweg«.

Der von Besuchern gern gezogene Vergleich zwischen Djurgården und dem New Yorker Central Park hinkt, denn was hat Stockholm, was der Big Apple nicht hat? Einen Nationalpark genau hier, mitten in der Stadt. Damit ist Stockholm (wieder mal) weltweit Vorreiter. Das 27 Quadratkilometer große Naturschutzgebiet »Ekoparken« reicht von der Insel Djurgården bis zum elf Kilometer entfernten Schloss Ulriksdal. Ein 36 Kilometer langer Radweg zieht sich durch den Park – wie wär's?

Wer einmal im Sattel sitzt, wird nur widerwillig wieder absteigen. Denn die Natur scheint trotz der Nähe zur Stadt unberührt und es ist so wenig los auf den Rad- und Spazierwegen, dass man sich gleich wie ein Einheimischer fühlt.

Radverleih: Sjöcaféet · April–September, Mo–Di 9-20, Mi–Sa 9–21, So 9–20 Uhr · Galärvarvsvägen 2 115 21 Stockholm · Tel. 08 660 57 57 · www.sjocafeet.se · Tram 7 bis Djurgårdsbron

Die Insel Djurgården umgibt ein fast zehn Kilometer langer Weg am Wasser – ideale Voraussetzungen für eine Radtour, um Kunstschätze in der Natur zu finden.

Bei einer Tretbootfahrt kommt in der Metropole plötzlich Urlaubsfeeling auf.

Paddelpiraten und Tretbootkapitäne

47

Mit viel Grün, interaktiven Museen und breiten Spazierwegen ist Stockholm ein passendes Reiseziel für Familien mit Kindern. An den Badestellen in der Stadt kann im Sommer sogar Urlaubsstimmung aufkommen. Wenn es zu kalt zum Baden ist, bietet der Kajak- und Tretbootverleih »Sjöcaféet« Alternativen nah am Wasser.

Eine Bootstour ist in der Inselstadt Stockholm ja quasi Pflicht. Wer die schwedische Hauptstadt nicht vom Wasser aus erlebt, kann gleich in eine trockene Metropole fahren. Solange der Ausläufer des Mälarsees nicht zufriert, was im Januar und Februar gelegentlich passiert, kann man mit unterschiedlichen Fahrzeugen in See stechen, und bei Sonnenschein herrscht auf den Wasserwegen reges Treiben mit Fähren, Sightseeingbooten, Freizeitjachten und Kanuten.

Für Familien ist es natürlich ein umso größerer Spaß, wenn sie selbst aktiv werden können. Von April bis September stehen Tretboote, Kanus sowie Kajaks als Ein- und Zweisitzer zur Auswahl. Der Ausgangspunkt ist derselbe: beim »Sjöcaféet« an der Brücke nach Djurgården. Die Lage ist optimal, denn nach wenigen Tritten oder Paddelschlägen erreichen große und kleine Kapitäne die ruhige Bucht Djurgårdsbrunnsviken, wo deutlich weniger Verkehr ist als rund um die Altstadt. Für Fähren ist der Wasserweg zu flach, weshalb nur Freizeitboote und vereinzelte langsame Touristenboote vorbeikommen.

In der Nähe liegt die Märchenwelt »Junibacken«, wo Geschichten von Astrid Lindgren lebendig werden und Kinder auf Pippi Langstrumpfs Pferd »kleiner Onkel« reiten können (Galärvarvsvägen 8).

Die Kajaks und Kanus werden stunden- bis tageweise vermietet, Tretboote nur stundenweise. In einer Stunde kommt man schon ziemlich weit, aber wer eine Badepause einlegen und an Bord trocknen und sonnenbaden möchte, ist mit zwei Stunden besser beraten. Reservierungen nimmt der Verleih nur an Werktagen und nur für Paddelboote entgegen, Tretboote gibt's ausschließlich spontan. Der Fuhrpark ist aber groß genug, sodass man fast immer ein Boot bekommt.

Sjöcaféet · Bootsverleih April–September · Tretboot 200 Kr pro Stunde, Kajak ab 125 Kr, Kanu ab 150 Kr · Galärvarvsvägen 2 · 115 21 Stockholm · Tel. 08 660 57 57
www.sjocafeet.se · Tram 7 bis Djurgårdsbron

48

Wie Schweden wohnen: Ein Möbel-Rundgang

Das »Nordiska Museet« illustriert in 16 Dauerausstellungen unterschiedlichste Aspekte des Lebens und künstlerischen Schaffens in Schweden. Viel Raum ist dem Thema Wohnen gewidmet, von einer Sammlung historischer Möbel über festlich gedeckte Tische aus verschiedenen Epochen bis hin zu einer kompletten Wohnung.

Im Land von IKEA ist der Besucher neugierig, wie es bei den Leuten zu Hause aussieht. Wer die Antwort nicht bei schwedischen Bekannten findet, dem sei ein Besuch im »Nordiska Museet« empfohlen. Es beleuchtet das schwedische Alltagsleben in vielen verschiedenen Ausstellungen, und im Vorfeld eine Auswahl zu treffen, spart Stress im Museum. Ein möglicher Rundgang mit Fokus aufs Wohnen beginnt mit der Möbelparade »Hem och Bostad«, zu Deutsch »Heim und Wohnung«, die schwedisches Möbeldesign vom 16. Jahrhundert bis in die Gegenwart an Einzelstücken und ganzen Zimmern skizziert. Danach gibt »Dukade bord«, »Gedeckte Tische«, Einblicke in Dinnerpartys aus fünf Jahrhunderten, komplett mit Möbeln, Geschirr und nachgebildeten Speisen. Herrlich nostalgisch ist auch die Ausstellung über landestypische Traditionen, die in lebensgroßen Szenen schwedische Feste darstellt.

Den interaktiven Ausklang des Interieur-Rundgangs bildet die Wohnung von 1947, »Folkhemslägenheten«. Der Begriff »Folkhem« steht für das Bestreben der schwedischen Sozialdemokraten am Anfang des 20. Jahrhunderts, einen Wohlfahrtsstaat aufzubauen, der ein »Volksheim« für jedermann sein kann. Während andere Länder Krieg führten, beschäftigte sich Schweden mit sozialem Wohnbau. Die Zweizimmerwohnung im Museum ist der Archetyp der Unterkünfte, die in dieser Zeit in Massen gebaut wurden und bis heute in vielen Stadtteilen dominieren. Man kann alles anfassen, auf dem Sofa sitzen, in die Schränke gucken und in einer alten Zeitung blättern. Und die praktische Küchenzeile mit vielen kleinen Schiebern erinnert verdächtig an IKEA.

Nordiska Museet · Tägl. 10–17 Uhr, Mi bis 20 Uhr · Djurgårdsvägen 6 · 115 93 Stockholm
Tel. 08 51 95 46 00 · www.nordiskamuseet.se · Tram 7 oder Bus 69, 67 bis
Nordiska Museet Vasamuseet

Die Museumswohnung aus der Zeit des schwedischen »Volkheims« ist eine von mehreren Ausstellungen im Nordiska Museet, die sich mit Möbeln beschäftigen.

Das entspannte Gourmetrestaurant lädt beim innovativen Konzept »Oaxen Solo« ausschließlich Einzelgänger ein.

Zusammen is(s)t man weniger allein

49

Das Spitzenrestaurant »Oaxen Krog & Slip« kocht regelmäßig für Solo-Esser. An einem langen Tisch kommen Gourmets zusammen, die sich auch ohne Begleitung einen unterhaltsamen kulinarischen Höhenflug gönnen wollen. Das Menü bestimmt die Küche, der Rest des Abends liegt in den Händen der Gäste.

Pünktlich um 18 Uhr treffen sechs bis zehn Fremde im Restaurant »Oaxen Krog & Slip« auf Djurgården ein. Bei einem Glas Sekt an der Bar stellen sie sich einander vor. Dass die Schweden grundsätzlich miteinander per Du sind, erleichtert die Kennenlernrunde. Dann geleitet die Kellnerin die aufgeregte Truppe an den langen Community Table in der Mitte des Restaurants. Im Laufe des Abends werden Reisende, Immobilienmakler, Lehrer, Bauherren und Psychologen zu Freunden und essen dabei ein köstliches Vier-Gänge-Menü. Willkommen bei »Oaxen Solo«.

Das 2018 eingeführte Konzept schließt eine uralte Lücke, indem es das Alleine-Abendessen nicht nur ertragbar, sondern zum Vergnügen macht. Sich mittags allein einen Salat zu holen, ist vielleicht sogar eine willkommene Ruhepause. Aber das Gourmet-Dinner am Abend ist ohne Begleitung undenkbar – gewesen! Anstatt an einem Ecktisch zu sitzen und Smartphone-scrollend eine Portion Pasta zu verdrücken, kommen Solo-Gäste im berühmten »Oaxen Krog & Slip« mit Menschen in ähnlicher Situation zusammen. Aus einem einsamen Abend wird eine Begegnung voller Überraschungen und Inspiration.

Die Solo-Esser wissen nichts übereinander und können beim Erzählen aus dem Vollen schöpfen. Die Unterhaltung nimmt zwischen Vor- und Hauptspeise derartig Fahrt auf, dass die Kellnerin auf den Tisch hauen muss, um den nächsten Gang anzukündigen. Frittiertes Kartoffelbrot, Bohnen mit fermentierten Mandeln, zarte Pastinaken, feines Lammfilet und Moltebeeren mit Frischkäsecreme als Nachtisch – bei einem Menü, wie es das »Oaxen Krog & Slip« auftischt, gehen die Gesprächsthemen sowieso nicht aus. Das Solo-Menü kostet pro Person ca. 600 Kr, zzgl. Getränke.

Oaxen Krog & Slip · Di–Fr 11.30–16 und 17–23, Sa–So 12–22 Uhr. Oaxen Solo: Termine siehe Homepage · Beckholmsbron 26 · 115 21 Stockholm · Tel. 08 551 531 05 · www.oaxen.com
Tram 7 oder Bus 67 bis Skansen

Das Café von Waldemarsudde liegt in der ehemaligen Küche von Prinz Eugen.
Der Rest des Schlösschens ist mit Kunst und Originaleinrichtung ausgestattet.

Auf einen Snack in die Küche des Prinzen

50

Wer in Stockholm nur eine einzige Sehenswürdigkeit schafft, sollte die Kunstoase »Prinz Eugens Waldemarsudde« aufsuchen. Hier ergeben ein elegant möbliertes Schlösschen, eine Kunstgalerie und ein Skulpturenpark am Wasser ein faszinierendes Gesamtkunstwerk. Und das Museumscafé liegt in der Küche des Prinzen.

Prinz Eugen, der von 1865 bis 1947 lebte, gehört zu jenen historischen Persönlichkeiten, die man gerne kennenlernen würde. Als vierter und jüngster Sohn von König Oscar II. ohne ernsthafte Aussichten auf den Thron konnte er sein künstlerisches Talent hauptberuflich ausleben und interessierte sich mehr für Pinsel als für Politik. Seinen Durchbruch musste er sich dennoch hart erarbeiten, denn natürlich waren andere Künstler gegenüber dem privilegierten Blaublüter skeptisch. Nach seinem Kunststudium in Paris schuf er berührende Naturmotive und unterstützte Zeitgenossen als Sammler und Mäzen. Nach seinem Tod hinterließ Prinz Eugen 3200 eigene Werke und ebenso viele Bilder von anderen, überwiegend schwedischen Malern. Anders Zorn, Eugène Jansson, Bruno Liljefors und Karl Nordström sind in der Sammlung stark vertreten.

Das Anwesen auf Djurgården, das Prinz Eugen 1905 bezog, vermachte er testamentarisch dem Staat, damit es später ein Museum würde. Im Schloss sind der Salon, der Speisesaal, die Bibliothek und das Blumenzimmer originalgetreu erhalten. Auch Pflanzen und Gartenbau lagen dem Prinzen am Herzen, der den Garten zum Wasser hin selbst gestaltete und im Haus viele Blumen aufstellte. Noch heute sorgt eine Floristin dafür, dass frische Sträuße die Räume schmücken, was »Waldemarsudde« zum wahrscheinlich wohlriechendsten Museum Schwedens macht. Die 1913 errichtete Galerie zeigt in Wechselausstellungen sowohl Teile der eigenen Sammlung als auch ausgewählte Gegenwartskunst.

Wer das Museum besucht, hat Zutritt zum charmanten Bistro »Prinsens Kök«. Hier sitzt man tatsächlich in der ehemaligen Küche des Prinzen, komplett mit Herd und Kacheln an den Wänden. Günstige Mittagsgerichte, belegte Brote oder Kaffee mit Zimtschnecke bieten eine Stärkung an einem ungewöhnlichen und doch entspannten Ort mit Geschichte.

Prins Eugens Waldemarsudde · Di–So 11-17, Do bis 20 Uhr · Prins Eugens Väg 6 · 115 21 Stockholm
Tel. 08 545 837 00 · www.waldemarsudde.se · Tram 7 bis Waldemarsudde

51

Lustwandeln durch Bio-Garten und Empire-Schloss

Das Schloss Rosendal und der gleichnamige Garten belohnen alle, die Djurgården jenseits von Skansen und Vasamuseum erkunden, mit Kunstschätzen, leckerem Essen und einem Meer an wilden Blumen. Während das Schloss nur im Sommer gezeigt wird, herrscht im Garten (fast) das ganze Jahr über Betrieb.

Die Schweden haben ein Händchen für liebevolle Arrangements, die nicht gewollt perfekt aussehen, sondern durch ein wie zufällig wirkendes Zusammenspiel aus Blumen und Nutzpflanzen bestechen. Wer nicht genug davon bekommen kann, vielleicht sogar ein Stück nordische Gartengestaltung mit nach Hause nehmen möchte, kommt an dem biodynamischen Garten »Rosendals Trädgård« nicht vorbei. Einst ein englischer Park, zeigt er sich heute als Lustgarten für die Generation »zurück zum Ursprung«. Auf 1,5 Hektar werden Demeter-zertifiziertes Obst und Gemüse angebaut, außerdem gibt es Schnittblumen und ein riesiges Sortiment an Topfpflanzen. Im Gewächshaus ist ein Laden mit Saatgut, Gartenhelfern und Vasen eingerichtet. Daneben liegt das Café, das mittags Gerichte aus eigener Ernte serviert. Wer nur eine Kleinigkeit möchte, holt sich in der Bäckerei eine Zimtschnecke auf die Hand und setzt sich auf der Apfelwiese ins Gras zum Picknick.

Von Juni bis August kann man das Seele-baumeln-Lassen mit Kulturprogramm verbinden. Dann gibt's nämlich englische Führungen durch das Schloss Rosendal, das sich der erste Bernadotte-König Karl XIV. Johan hier 1827 als Lustschloss erbauen ließ. Es ist nicht nur ein imposantes, voll eingerichtetes Schloss im schwedischen Empire-Stil, sondern auch eine architektonische Kuriosität. Das von Fredrik Blom entworfene Schloss mit 17 Räumen ist – ein Fertigteilhaus! Der Architekt selbst erfand die Technik, Häuser aus Holz vorzufertigen, vor Ort aufzubauen und bei Bedarf zu versetzen. Bestellungen kamen aus ganz Schweden sowie aus Russland und Frankreich.

Rosendals Trädgård · Februar–März und Oktober–3. Advent tägl. 11–16, April–September tägl. 11–17 Uhr · Rosendalsvägen 38 · 115 27 Stockholm · Tel. 08 545 812 70 www.rosendalstradgard.se · Tram 7 bis Bellmansro

Rosendals Slott · Juni–August Di–So 12–15 Uhr · Rosendalsvägen 49 · 115 21 Stockholm Tel. 08 402 61 00 · www.kungligaslotten.se · Tram 7 bis Bellmansro

In den großen Gewächshäusern von Rosendal sind ein Geschäft mit Gartenhelfern, ein Bio-Bistro und eine Bäckerei untergebracht, die Besucher inspirieren.

52 Kunstoase mit berührender Geschichte

Die Thielska Galleriet übertrifft andere Gemäldegalerien an Anmut und persönlichem Charakter. In den Sälen einer eleganten Jugendstilvilla reihen sich Werke nordischer Meister aneinander. Inmitten der Pracht lebte einst die Familie eines reichen Bankdirektors mit deutschen Wurzeln – bis das Schicksal zuschlug.

Den Weg vom stadtnahen Westen der Insel Djurgården bis zum grünen Ostzipfel nehmen nur wenige Touristen auf sich. Wer es tut, wird mit einem Kunsterlebnis der Extraklasse belohnt: Das Museum ist ein Gesamtkunstwerk, durchzogen von einer verträumten Stille, die jeden Besucher ergreift.

Neun Räume auf drei Etagen – vom Festsaal bis zum kleinen Turmzimmer – beherbergen Hunderte Gemälde, vor allem naturalistische Spätwerke der Mitglieder des schwedischen Künstlervereins »Konstnärsförbundet«, entstanden um die Jahrhundertwende. Kunstinteressierte können sich auf die Aquarelle von Carl Larsson freuen, dessen Abbildungen des häuslichen Lebens als Beginn des schwedischen Designs gelten. Von Edvard Munch sind die »Madonna« und eine »Schrei«-Version zu sehen. Anders Zorn ist mit Motiven aus seiner Heimat Dalarna vertreten, Bruno Liljefors überzeugt mit detailreichen Naturstudien und der Malerprinz Eugen schenkte Thiel die »Nachtwolke«.

Zur Galerie gehört ein charmantes Café, betrieben von Promi-Köchin und Kochbuchautorin Monika Ahlberg. Bei schönem Wetter sitzt man in einem Garten mit Skulpturen.

Die Jugendstilvilla wurde vom namhaften Architekten Ferdinand Boberg im Auftrag von Bankdirektor Ernest Thiel gestaltet: »Ich will ein Zuhause, das an allen Wänden mit Bildern dekoriert ist.« 1907 wurde die Privatgalerie mit einem rauschenden Fest eingeweiht – doch das Glück währte nur kurz: Drei Jahre später zog Ehefrau Signe aus, für die Thiel seine erste Frau verlassen und sich damit einflussreiche Stockholmer zu Feinden gemacht hatte. Der Erste Weltkrieg dämpfte die Finanzgeschäfte, und die Rachegelüste der Oberschicht brachten Thiel zu Fall. 1924 war er bankrott und verkaufte seine Villa samt Kunstsammlung an den Staat.

Thielska Galleriet · Di–So 12–17 Uhr, Do bis 20 Uhr · Sjötullsbacken 8 · 116 26 Stockholm
Tel. 08 662 58 84 · www.thielskagalleriet.se · Bus 69 bis Thielska Galleriet

Zwischen Stadt und Schären liegt die Galerie am grünen Ostzipfel von Djurgården. Architektur, Kunst und Einrichtung ergeben ein stimmiges Gesamtkunstwerk.

53 Teezeremonie und Schatzkammer für Weltenbummler

Im »Etnografiska Museet«, dem Museum für Völkerkunde, wird kultureller Austausch nicht nur gefördert, sondern zelebriert: Im Sommer lädt man hier in Nordeuropas einziges öffentliches Teehaus zur japanischen Teezeremonie ein. Auch das Museum selbst ist sehenswert – und gratis.

Das ethnografische Museum ist ein Ort für Weitgereiste und alle, die es werden wollen. Unzählige Mitbringsel zeugen vom Fernweh, das Generationen von schwedischen Abenteurern, Kaufleuten und Forschern in die Ferne zog. Aus Amerika, Afrika, Asien und Australien kehrten sie mit exotischen Masken, Puppen, Schmuck, Instrumenten und Skulpturen zurück. Das Museum versucht gar nicht erst, die Objekte räumlich oder zeitlich einzuordnen, und konfrontiert die Besucher lieber mit einem erfrischenden Chaos: Die Dauerausstellung »Das Magazin – eine ethnografische Schatzkammer«

Zum Völkerkundemuseum gehört ein Teehaus, wo im Sommer Zeremonien stattfinden.

besteht aus Glaskästen mit Artefakten, die jeweils aus ähnlichem Material bestehen, aber aus ganz verschiedenen Teilen der Welt kommen. So kann eine hawaiianische Kette aus Hundezähnen neben einer Schale stehen, die ein Mongole aus einem menschlichen Schädel hergestellt hat. Man soll stöbern und sich von der Neugier leiten lassen. Für alle, die mehr Struktur wollen, gibt es Sonderausstellungen zu bestimmten Regionen oder einem Leitthema wie Federn oder Voodoo.

Das Museum liegt nahe am Kanal Djurgårdsbrunnsviken, eingebettet ins Grüne. Wer vom Museum in Richtung Wasser spaziert, kommt durch den japanischen Garten mit dem Teehaus »Zui-Ki-Tei«. Schon 1935 stand an dieser Stelle Schwedens erstes japanisches Teehaus. Es brannte nieder und wurde 1990 durch den typisch minimalistischen Holzbau mit Schiebetüren ersetzt, in dem man heute die fernöstliche Kultur der Teezeremonie erleben kann. Das ist zwar kein besonders schwedisches Erlebnis, aber definitiv eine Horizonterweiterung: »Wenn man die Teeschale abstellt, zieht man die Hände vorsichtig zurück«, heißt es da in der Anleitung, »ganz so, als würde man sich von seinem Geliebten verabschieden.«

Teehaus des Etnografiska Museet · Mai–Oktober Sa–So. Zeiten für Teezeremonien siehe Homepage
Djurgårdsbrunnsvägen 34 · 115 27 Stockholm · Tel. 010 456 12 99
www.varldskulturmuseerna.se/etnografiskamuseet · Bus 69 bis Museiparken

Je näher ans Wasser gebaut, desto besser: Städter entspannen im Mälarpavillon.

Mit der Seidenweberei auf Södermalm ist ein Industriedenkmal erhalten geblieben. Die Maschinen gehen noch immer, und regelmäßig sind moderne Weber am Werk.

54

Bei den Webern von Södermalm

Das Industriedenkmal »K. A. Almgrens Sidenväveri« ist Nordeuropas einzige erhaltene Seidenweberei. Von 1833 bis 1974 stattete das Unternehmen ganz Schweden mit Seide aus – vom König bis zur Kuhbäuerin. Noch heute entstehen auf den alten Maschinen glänzende Stoffe.

Die Industrialisierung startete in Stockholm spät, aber intensiv: Von 1850 bis 1900 verdreifachte sich die Bevölkerung auf 300 000 Einwohner. Auch für Unternehmer Knut Almgren waren es Jahre des Wachstums. Seine 1833 gegründete Weberei wurde bald zum Hoflieferanten erwählt und stattete Schlösser und Paläste mit seidenen Tapeten und Möbelbezügen aus. Der Verkaufsschlager waren allerdings die Seidenschals mit langen Fransen, die Frauen jeder Gesellschaftsschicht und in allen Teilen des Landes trugen. Bis zu 4000 Schals gingen den 200 Weberinnen jede Woche durch die Finger.

Knut Almgrens Manufaktur war seinerzeit eine von 40 Webereien in Stockholm. Dass er die Konkurrenz abhängte, lag an seinem Pioniergeist. Er war der Erste in Schweden, der die 1805 im französischen Lyon erfundene Jacquard-Webtechnik einsetzte. Die Neuerung war, dass sogenannte Lochkarten das Weben von Mustern automatisierten, was die Produktivität steigerte und Arbeitskraft sparte. Knut Almgren reiste in jungen Jahren nach Lyon – offiziell, um sich von einer Lungenkrankheit zu erholen, inoffiziell, um die neue Webtechnik zu studieren. Nach zwei Jahren als Geselle kehrte er nicht nur mit Notizen und Mustern zurück, sondern er schmuggelte ganze Webstühle nach Schweden, zerlegt und in Weinfässern und Obstkisten versteckt.

Das Museum ist Stockholms letztes noch funktionierendes Industriedenkmal. Montag bis Donnerstag von 10 bis 15 Uhr arbeitet eine Weberin an den alten Maschinen und stellt Ordensschärpen auf Bestellung her. Im Obergeschoss illustriert eine Ausstellung die Geschichte der Seide. Die Besucher können Schubkästen mit über 30 verschiedenen Mustern durchforsten. Führungen gibt es leider nur auf Schwedisch, aber die überschaubare Ausstellung bewältigt man auch auf eigene Faust.

K. A. Almgrens Sidenväveri · Mo–Fr 10–16, Sa 11–15 Uhr · Repslagargatan 15A · 118 46 Stockholm
Tel. 08 642 56 16 · www.kasiden.se · T-bana bis Slussen

55

Im Design-Viertel von morgen vorfühlen

Während das etablierte Szeneviertel SoFo mühelos Besucher anzieht, ist der Mosebacke Design District noch ein »work in progress«. Ein Dutzend Geschäfte, Designstudios, Galerien und Lokale rund um den Platz Mosebacke Torg haben sich 2016 zusammengetan, um »ihre« Ecke von Södermalm bekannter zu machen.

Nur drei Gehminuten trennen den lauschig-grünen Platz Mosebacke Torg von der Metrostation Slussen. Doch man muss entschlossen vorgehen, um den Aufstieg durch die unscheinbare Gasse Hökens Gata zu nehmen, denn zu verlockend ist es, einfach der belebten Fußgängerzone Götgatan zu folgen. Wer genug Neugier mitbringt, findet sich in einem aufstrebenden Kreativviertel wieder, das in ein paar Jahren ein selbstverständliches Ziel für Designfans werden könnte. Derzeit lockt eher das kulinarische Angebot, doch man kann durchaus auch ein paar kleine Läden abseits des Mainstreams entdecken. »Green Laces« steht für nachhaltig produzierte Schuhe und Taschen, »JR Work Shop« gestaltet und produziert außergewöhnliches Spielzeug und Praktisches fürs Kinderzimmer, und die Galerie »Skomakeriet« zeigt zeitgenössische Kunstwerke zum Verkauf.

Das Herz des Mosebacke Design Districts ist das »Södra Teatern«, ein lebendiger Komplex aus Theater, Livebühne und Restaurant. Im Sommer verspricht die Open-Air-Bar »Mosebacketerrassen« unvergessliche Abende, an denen man DJs und Konzerten lauscht und dabei den Blick über die Altstadt genießt. Die Symbiose aus Kulinarik und Design gelingt bei »WoodStockholm«, einer Kombination aus Bistro und Designstudio für Holzmöbel. Die Gäste sitzen auf hauseigenen Hockern, doch wer von der schnörkellosen Einrichtung auf Minimalismus in der Küche schließt, liegt (wie meistens in Schweden) falsch: Küchenchef Elias Eriksson überzeugt mit einem verspielten Zugang zur Kochkunst und überrascht die Gäste mit einer häufig wechselnden Speisekarte, die Themen wie Wald, Sowjets oder Sterneküche folgt. Wenn es statt gehobener Küche lieber Pizza und Craftbier sein dürfen, sollte man nach einem Schild mit leuchtendem Hexenhut Ausschau halten: Das winzige Lokal »Omnipollos Hatt« wächst jedem ans Herz, der hier einen Platz ergattert.

Mosebacke Design District · Mosebacke Torg · 116 46 Stockholm
www.mosebackedesigndistrict.se · T-bana bis Slussen (Ausgang Götgatan)

Skål! Im Södra Teatern gibt's Musik, Theater und Lokale für gesellige Abende.
Der Platz Mosebacke Torg ist das Herzstück des aufstrebenden Designviertels.

Der Conceptstore »Grandpa« mit Mode, Büchern und Accessoires ist SoFo pur.
Im ebenso coolen Laden »6/5/4« bleiben Einkäufer gerne an der Kaffeebar hängen.

56

Shoppen & genießen im Trendviertel »SoFo«

Das dreieckige Gebiet zwischen Folkungagatan, Götgatan und Ringvägen im Osten von Södermalm ist Stockholms angesagteste Gegend. Über 100 Geschäfte und Lokale ziehen Bart-, Mützen- und Sneakers-Träger aus aller Welt zum Einkaufen und Abhängen an. An jedem letzten Donnerstag im Monat trifft man sich zur »SoFo-Night«.

SoFo – das steht für »südlich der Folkungagatan«. Der Name, der als ironischer Verweis auf das Einkaufsviertel SoHo in New York entstand, hat in den letzten Jahren seinen Weg in die Köpfe von Hipstern und Trendbloggern gefunden. Was dank billiger Wohnungen und Gewerberäume als Hotspot für Kunsthandwerker und Weber begann, ist heute ein gentrifiziertes Viertel mit Sinn für Kreativität. Statt Aussteigern trifft man Influencer. In den Gassen rund um den Platz Nytorget zeugt vieles von Gründergeist und dem Willen, gemeinsame Sache zu machen. Rund 130 Geschäfte, Cafés und Restaurants, aber auch Hotels, Galerien und Schönheitssalons haben sich zu einem Verein zusammengeschlossen, geben gemeinsam ein Magazin heraus und laden einmal im Monat zum Einkaufsabend ein.

Bei der »SoFo-Night«, die traditionell am letzten Donnerstag des Monats stattfindet, haben die Läden bis 21 Uhr geöffnet und locken mit Musik, Drinks und Sonderangeboten. Da kann es sein, dass der Conceptstore »6/5/4« mit Mode und Surfprodukten vor dem Eingang Würstchen grillt. In SoFo geht es nämlich noch immer ungezwungen zu und die überwiegend jungen Ladenbesitzer suchen das Gespräch mit Gästen und Kunden.

Auf der Homepage bietet eine interaktive Karte eine gute Übersicht über die Lokale und Geschäfte. Wer ein bisschen SoFo im eigenen Kleiderschrank begrüßen will, sollte sich in den Modeboutiquen Grandpa, Jumperfabriken, A Day's March und Nudie Jeans umsehen. Praktische und ausgefallene Wohnaccessoires gibt es bei FabLab, Tambur und Cocktail. Wenn es eine ordentliche Stärkung sein darf, bietet sich ein Besuch bei »Meatballs for the people« an, die das klassische schwedische Gericht »Köttbullar« jeden Tag neu interpretieren, auch mit Fisch und vegetarischen Optionen.

SoFo · www.sofo-stockholm.se
T-bana bis Medborgarplatsen

57 Fika 2.0: Die besondere Kaffeepause

Zimtschnecken kann jeder. Aber auch wenn das urschwedische Gebäck unwiderstehlich ist, gibt es doch noch so viele andere Köstlichkeiten in der Welt der »Fika«, der schwedischen Kaffeepause, zu entdecken.

Niemand verlässt Stockholm, ohne den Begriff »Fika« zu lernen. Ein Schelm, wer Böses dabei denkt – das Wort ist ein Spiel mit »kafi«, was natürlich Kaffee bedeutet, und steht für eine entspannte Kaffeepause mit Freunden oder Kollegen – in Schweden eine soziale Institution. Zwar sind Filterkaffee und Zimtschnecken die Grundausstattung, aber eigentlich geht es weniger darum, was man isst und trinkt, als wie und mit wem man es tut. Wer das Ritual einmal intus hat, kann mit den Bestandteilen experimentieren. Und welcher Stadtteil würde sich für besser für die Suche nach innovativen Getränken und Leckereien anbieten als die kreative Insel Södermalm?

Das Café »Omayma« am Nytorget verwöhnt seine Besucher den ganzen Tag mit veganen Frühstücksspezialitäten. Kombucha und Smoothies sind schon Klassiker, aber der Shake mit Roter Bete, Baobab, Guarana und Ingwer sowie das Getränk mit Aktivkohle haben das Zeug zur Innovation. Auf den Teller kommen gesunde Smoothie-Schalen mit frischem Obst und Vollkornmüsli oder Raw-Küchlein aus ausschließlich rohen Zutaten.

Auch das gemütliche Café »Vurma« kümmert sich um die Gesundheit der Gäste. Frisch gepresste Säfte und hausgebackene Nussbomben liefern Energie für die nächste Sightseeing-Etappe. Farbenfrohe Kreationen wie Matcha-, Rote-Bete- und Kurkuma-Latte machen dem klassischen Kaffee Konkurrenz.

Bei »Älskade Traditioner« ist man hingegen weniger auf Kalorien und Vitamine bedacht. Das Café ist für sein Retro-Ambiente und die ausufernden Freakshakes bekannt. Da schwimmen ganze Donuts auf einem Kakao oder Schokobällchen auf Erdbeermilch. Was 2017 als Instagram-Hype begonnen hat, hält sich hartnäckig, weil die Fotos den Zuckerschock rechtfertigen.

Omayma · Skånegatan 92 · 116 37 Stockholm · Vurma · Bergsunds Strand 31 · 117 38 Stockholm
Älskade Traditioner · Södermannagatan 42 · 116 40 Stockholm

Das Café »Älskade Traditioner« lockt Trendaffine mit üppigen Freakshakes.

Im »Himlen« lenkt die fantastische Aussicht aus 104 Metern vom Essen ab.

Dem Himmel so nah

58

Stockholm hat viele Restaurants mit Aussicht, doch »Himlen« toppt sie alle. Durch Glasfronten hat man aus der Cocktailbar in der 26. Etage, 104 Meter über dem Boden, einen grandiosen Rundumblick über Södermalm. Wer Panorama mit Kulinarik verbinden will, reserviert im Restaurant im 25. Stock einen Tisch.

Ein Besuch in der Skybar oder dem Restaurant »Himlen« ersetzt jeden Aufstieg auf den Rathaus- oder Fernsehturm oder die Fahrt mit der Aussichtskapsel »Skyview« auf dem kugelrunden Stadion Globen. Statt Eintritt zu bezahlen und sich dann unter Zeitdruck mit anderen Touristen zu drängeln, um ein gutes Foto zu machen, genießt man im »Himlen« im eigenen Tempo und bekommt für das gleiche Geld einen leckeren Cocktail oder eine Vorspeise. Unter der Woche gilt bis 15 Uhr das günstige Mittagsmenü. Auf der Speisekarte des Restaurants findet man feine schwedische Gerichte wie Muschelsuppe, Saiblingsfilet oder Rentiersteak. In der Bar gibt's neben Cocktails, Bier und Wein auch Burger, Salate und Leckeres vom Grill. Wer direkt am Fenster sitzen möchte, sollte im Vorfeld einen Tisch reservieren. In der Bar lohnt sich jedoch durchaus auch ein Spontanbesuch, schließlich sitzt man nicht fest, sondern kann mit dem Getränk in der Hand herumgehen und die Aussicht in alle Himmelsrichtungen bewundern. Achtung: Freitags und samstags können die Türsteher unten am Fahrstuhl streng sein. Besser in Hemd oder Kleid und ohne viele Einkaufstüten kommen, das erleichtert den Aufstieg.

Die Bar und das Restaurant liegen ganz oben im Hochhaus »Skrapan«, das seit 1959 das Stadtbild von Södermalm prägt und Platz sieben der höchsten Gebäude Stockholms belegt. Der von amerikanischen Wolkenkratzern, »skyscrapers«, inspirierte Koloss wurde vom Architekten Paul Hedqvist entworfen, einem überzeugten Anhänger des Funktionalismus. Die von ihm gestalteten Bauwerke, darunter die markante Brücke Västerbron zwischen Kungsholmen und Södermalm, das Hochhaus »DN-skrapan« auf Kungsholmen und das wuchtige Vanadisbad am Rand von Vasastan, haben Stockholms Erscheinungsbild an vielen Orten geprägt.

Himlen · Bar: Mo–Fr ab 11.30, Sa ab 12 Uhr, Restaurant: Mo–Sa ab 17.30 Uhr · Götgatan 78
118 30 Stockholm · Tel. 08 660 60 68 · www.restauranghimlen.se · T-bana bis Medborgarplatsen

Gourmet-Theater für kleines Geld

Im Einkaufszentrum »Ringen« verbirgt sich eine kulinarische Perle. Hier liegt seit 2015 das »Teatern«, der beste Foodcourt der Stadt mit zehn Ständen, an denen Spitzenköche hochwertiges Streetfood wie Ramen, Burger, Tacos oder vegane Kreationen für 100 bis 150 Kr servieren. »Slow-cooked fast food«, so lautet das Motto. Ideal für Freunde, die sich nicht auf ein Lokal einigen können: Jeder holt sich ein Gericht seiner Wahl, dann wird gemeinsam an einem der Tische gegessen. Spannend ist neben dem Essen auch die Architektur: Die Kochnischen stehen in einem Kreis in der Mitte, drum herum erhebt sich eine Art Amphiteater mit Tischen bis in die oberen Ränge.

Teatern · Mo-Do 7.30–21, Fr 7.30–22, Sa 9–22, So 11–20 Uhr · Götgatan 100 · 118 62 Stockholm
Tel. 08 696 30 31 · www.ringencentrum.se/teatern · T-bana bis Skanstull

Szene-Club unter freiem Himmel

Im Juli und August ziehen sich zwar viele Städter in ihre ländlichen Ferienhäuser zurück, doch im Sommerclub »Trädgården« ist genau dann die beste Zeit, die langen Tage und hellen Nächte voll auszukosten: Mit Stimmung von vormittags bis spät in die Nacht heizt der Party-»Garten« die Stadt auf. Die kultige Location unter freiem Himmel, nur geschützt von der Brücke Skanstullsbron, besteht aus mehreren Theken, einem vegetarischen Restaurant, einer Live-Bühne und mehreren Tanzflächen. Wer früh am Abend kommt, kann bei Boule und Tischtennis entspannen. Von Ende September bis Mitte Mai, wenn der »Trädgården« Pause macht, tanzen Partylustige im rauen Club »Under Bron« weiter.

Trädgården · Mai–September Mo–Di 20-03, Mi–Fr 17–03, Sa 14–03 Uhr · Hammarby Slussväg 2
118 60 Stockholm · www.tradgarden.com · T-bana bis Skanstull

Der Foodcourt »Teatern« bietet eine Vielfalt an hochwertigem schnellem Essen.
Unter der Brücke Skanstullsbron liegt der angesagte Sommerclub »Trädgården«.

Stockholms bester Selfie-Spot

Das perfekte Urlaubsbild aus der schwedischen Hauptstadt verlangt körperlichen Einsatz. Es gelingt auf dem Panoramaweg »Monteliusvägen«, der in etwa 30 Metern Höhe über den Fels Mariaberget verläuft. Die Aussicht reicht von der Västerbron im Westen bis zur Altstadt und zum Fernsehturm im Osten.

Leicht zu finden ist der Monteliusvägen nicht, aber das Suchen und Erklimmen der steilen Gassen von Södermalm ist Teil seines Reizes. Wer von Slussen über die Bastugatan kommt, kreuzt unterwegs die Bellmansgatan mit ihrer eigenwilligen Konstruktion aus Stahlbrücken. Das rote Haus mit der Nummer 1, in dessen dritte Etage eine Brücke führt, ist übrigens das Wohnhaus von Inspektor Mikael Blomkvist in der »Millennium«-Trilogie.

Am Söder Mälarstrand unterhalb des Spazierweges fällt die »Münchenbryggeriet« ins Auge. In dem Backsteingebäude wurde von 1857 bis 1971 Bier nach bayerischem Vorbild gebraut.

Der knapp 500 Meter lange Monteliusvägen beginnt an der Ecke Bastugatan/Skolgränd und endet an der Ecke Bastugatan/Kattgränd. Die Aussicht ist spektakulär und wer von hier aus am Abend den Sonnenuntergang beobachtet, wird zustimmen, dass man Stockholm kaum romantischer erleben kann. Bänke und Tische verführen zum Picknicken. Wie gut, dass am Weg vom Mariatorget ein Supermarkt liegt (Coop, Hornsgatan 54), in dem man sich mit Leckereien fürs Essen im Freien eindecken kann.

Wer keinen Tisch erwischt oder lieber im Grünen entspannt, hält nach dem Tor im roten Zaun Ausschau, durch das man in den kleinen Ivar-Los-Park kommt. Ivar Lo-Johansson war ein sozial engagierter schwedischer Schriftsteller, der in seinen Romanen das Leben der Landarbeiter thematisierte und in der Nähe wohnte. Mit einer Büste im Park wurde ihm ein Denkmal gesetzt. In Anlehnung an sein Werk hat die Stadt im Park einen Themenspielplatz angelegt, der an das Leben auf dem Land erinnert. Kühe aus Holz, ein Miniaturbauernhof und eine Höhle im Baumstamm laden zum spielerischen Lernen ein.

Monteliusvägen · Start: Bastugatan 17 · 118 24 Stockholm
T-bana bis Mariatorget oder Slussen

Vom Monteliusvägen hat man einen guten Blick auf die Stockholmer Innenstadt.
Der Spaziergang führt durch eine Gegend, die aus der Zeit gefallen scheint.

62 Das trägt Mann so

Die Straße Krukmakargatan ist ein Geheimtipp für modebewusste Herren. Hier findet man angesagte Labels, die in internationalen Modemagazinen erwähnt werden, sich im Rest der Stadt jedoch rar machen. Auch für Damen gibt es überraschende Modehighlights.

Vom Mariatorget kommend, muss man sich erst über 400 relativ eintönige Meter vorkämpfen, bis man die Rosenlundsgatan überquert. Dann folgen die Namen Schlag auf Schlag, die Modeblogger aufhorchen lassen. »Uniforms for the Dedicated« wurde 2008 gegründet und steht für minimalistische, gerne einfarbige Stücke aus Bio-Baumwolle, Leinen und recyceltem Material. Der Nachhaltigkeitsgedanke spiegelt sich auch in der überschaubaren Kollektion wider: Das ist zeitlose, hochwertige Mode für Büro und Freizeit.

Gleich nebenan liegt »Our Legacy«, das aus erdigen Farben und toughen Schnitten einen raueren Ton anschlägt. 2005 gegründet, hat es das Label zu

Die Boutiquen entlang der Krukmakargatan kleiden modebewusste Herren ein.

internationalem Ruhm gebracht, wozu prominente Träger wie John Legend und Kanye West beigetragen haben. Weil die Nachfrage von Damen so groß war, gibt es seit 2019 eine eigene Linie mit androgyner Mode für Sie, bestehend aus geradlinigen Hemden, Tanktops, Kleidern und Pullovern.

Zwei Türen weiter bietet »Nitty Gritty« eine liebevoll kuratierte Auswahl an Herrenmode und Accessoires von über 60 schwedischen und internationalen Designern. Das Geschäft, das es nebenan auch in einer Damen-Version gibt, hält sich seit über 20 Jahren und bietet eine willkommene Abwechslung zu den großen Marken, die in Kaufhäusern wie Åhléns und NK überwiegen.

Auf der anderen Straßenseite macht »L'Homme Rouge« das Fashion-Quartett komplett. Jede Kollektion erzählt eine etwas verschrobene Geschichte: von urbanen Pfadfindern, dem Verlust der Männlichkeit in Schweden oder jungen Erwachsenen, die das Elternhaus verlassen. Die Geschichten spielen sich jedoch überwiegend in den Fotos zur jeweiligen Kollektion ab. Die Kleidungsstücke an sich sind durchgehend schlicht und kommen mit wenig Mustern und einer reduzierten Farbpalette aus.

Modemeile Krukmakargatan · Öffnungszeiten variieren. Alle geöffnet: Di–Do 12–18.30, Sa 12–17 · Krukmakargatan 20–24 · 118 51 Stockholm · T-bana bis Mariatorget

Paradies für Papiersüchtige

Zwischen die Modeboutiquen der Krukmakargatan passst der hinreißende Buchladen »Papercut« perfekt. Denn wer in Sachen Kleidung am Puls der Zeit sein will, interessiert sich meistens auch für Kunst, Reisen, Architektur, urbanes Leben und Filme. Diese Themen deckt das große und doch handverlesene Sortiment von Papercut ab, das größtenteils aus englischsprachigen Publikationen besteht. Internationale Indie-Magazine, üppig bebilderte Kochbücher, hippe Reiseführer und ausgewählte Romane füllen die Regale.

Ein Besuch hier ist immer eine Inspiration und ein Muss für alle, die schöne Dinge mögen und gerne über den Tellerrand blicken.

Papercut · Mo–Fr 11–18.30, Sa 11–17, So 12–16 Uhr · Krukmakargatan 24 · 118 51 Stockholm
Tel. 08 13 35 74 · www.papercutshop.se · T-bana bis Mariatorget

Auf dem Partydampfer

Das Schiff »Patricia« ist einer von Stockholms kultigsten Nachtklubs. Mit fünf Theken, Restaurant und Tanzfläche verspricht die 1938 erbaute alte Dame lange Nächte – die längsten der Stadt: Nur eine Handvoll Klubs haben bis 5 Uhr morgens geöffnet, die meisten schließen um 3 Uhr. Sonntags feiert Stockholms Regenbogenszene beim »Gay Club«. Bartender im Marinelook, Party auf mehreren Decks und der Blick auf die Bucht Riddarfjärden erinnern daran, dass Stockholm eine 800 Jahre alte Hafenstadt ist, in der Seeleute schon immer Zerstreuung gesucht haben. Wer nur essen will, sollte donnerstags kommen, denn dann gibt's den ganzen Hummer für schlanke 175 Kr.

Patricia · Do 17–24, Fr–So 18–5 Uhr · Söder Mälarstrand, Kajplats 19 · 118 25 Stockholm
Tel. 08 743 05 70 · www.patriciastockholm.se · T-bana bis Zinkensdamm

Wie schwer darf der Koffer werden? Bei Papercut gibt's verlockende Lektüre.
Abtanzen oder nur abhängen? Alles ist möglich auf dem Partyschiff »Patricia«…

Entspannung auf hohem Niveau

Der Skinnarviksberget ist Stockholms höchster natürlicher Punkt und zugleich sein magischster. Hierher kommen die Locals am Wochenende zum Picknicken und Grillen. Von Sonnenauf- bis Sonnenuntergang bietet der Fels ein 180-Grad-Panorama. Unwahrscheinlich, dass man sich an diese Aussicht jemals gewöhnen könnte.

Mit seinen Inseln und Brücken hat Stockholm eine Vielzahl von Aussichtspunkten, die den Aufstieg lohnen. Der Skinnarviksberget ist das ganze Gegenteil zum getakteten Aufstieg auf den Rathausturm: Er ist fest in einheimischer Hand und wirkt wie ein Inbegriff schwedischer Entspannung. An milden Sommerabenden lassen sich die hippen Cliquen von Södermalm wie eine Schar modebewusster Möwen auf dem 53 Meter hohen Felsplateau nieder, ausgestattet mit Einweggrills, Würstchen, Picknickdecken und Bierdosen. Aber auch an den beliebtesten, wärmsten Tagen des Jahres findet man noch ein freies Plätzchen.

An der Ecke Ringvägen/ Yttersta Tvärgränd liegt der Imbiss »JJ's Thai To Go« – perfekt, um sich mit einem Gericht zum Mitnehmen für ein Abendessen auszustatten, das in Erinnerung bleibt.

Der Weg ist einfach und dauert nur fünf Minuten: Bei der Metrostation Zinkensdamm aussteigen, nach Norden den letzten Ausläufer des Ringvägen nehmen, rechts in den Yttersta Tvärgränd einbiegen und an dessen Ende über einen steinigen Pfad den Hügel erklimmen.

Was hat der Fels, das andere Aussichtspunkte nicht haben? Er ist rund um die Uhr geöffnet, für jedermann gratis und geprägt von rauer Natur. Hier ist es nicht nur der spektakuläre Rundumblick auf die Bucht Riddarfjärden und die Stadtviertel Kungsholmen, Norrmalm, Gamla Stan und Riddarholmen, der einem den Atem verschlägt. Auch nicht der Umstand, dass man alle Türme der Stadt auf einmal vor sich sieht, vom stolzen Rathaus bis hin zum weit entfernten Fernsehturm, und Dutzende Kirchen und Hochhäuser dazwischen. Es ist die Unberührtheit des Ortes, die seine Besucher verzaubert. Und ein bisschen neidisch macht auf die Griller und Picknicker, die diese Pracht ihr Zuhause nennen.

Skinnarviksberget · 118 23 Stockholm · T-bana bis Zinkensdamm

Auf den Skinnarviksberget steigen Locals, um mit Freunden zu entspannen.
Der Aussichtspunkt erinnert daran, dass Stockholm auf Felsinseln gebaut ist.

Ob mit SUP, Kajak oder Kanu – ein Paddelausflug in Stockholm ist einmalig.

Nach dem Bummel in See stechen

Ein Paddelausflug in Stockholm ist ein unvergessliches Erlebnis. Dass man mitten in einer Metropole dem Wasser und der Natur so nahe kommen kann, macht die schwedische Hauptstadt einzigartig. Nach dem Bummel durch Södermalm bietet es sich an, von der Nachbarinsel Långholmen aus den Tag im Kajak ausklingen zu lassen.

Die unmittelbare Nähe zum Wasser und das gemächliche Tempo geben eine neue Perspektive auf die Inselstadt und verleihen dem Städtetrip einen Hauch Abenteuer. Selbst aktiv zu werden, anstatt als passiver Passagier an Bord eines Sightseeing-Boots mitzufahren, hat das Zeug zum Höhepunkt eines Stockholm-Besuchs. Auch viele Einheimische entspannen im Sommer nach getaner Arbeit bei einer Paddeltour.

Der Verleih »Långholmens Kajak« liegt idyllisch auf der grünen Insel Långholmen vor Södermalm und bildet den idealen Ausgangspunkt für zwei Routen. Die kürzere Runde um Långholmen und die Nachbarinsel Reimersholme misst sechs Kilometer und dauert etwa zwei Stunden. Dabei passiert man den malerischen Kanal Pålsundet, der mit Holzpfählen und den vielen aufgereihten Booten auf den ersten Blick an Venedig erinnert. Wer sich als sportlich einschätzt und Lust auf eine längere Paddeltour hat, überquert die Bucht Riddarfjärden und umrundet in drei bis vier Stunden die deutlich größere Insel Kungsholmen (10 km).

Bereit fürs nächste Level? »Tanto SUP & Kajak« verleiht auch SUPs, auf denen man im Stehen paddelt. Allerdings werden keine Touren mit Guide angeboten (www.tantosok.se, Tanto Strandbad).

Man braucht keine Vorkenntnisse, um sich im Ein- oder Zweisitzer über Wasser zu halten. Nach kurzer Einschulung und Blick auf die bereitgestellte Karte kann man sofort in See stechen und hat bald den Rhythmus in den Armen. Wer dennoch lieber einen Experten an seiner Seite hat, kann sich einer geführten Tour anschließen. Freitags, samstags und sonntags beginnt die kürzere Tour um 10 Uhr, die längere Runde wird nur samstags ab 10 Uhr angeboten. Mit zwei bis zehn Teilnehmern geht's los.

Långholmen Kajak · Ab Mitte Mai tägl. 11–20 Uhr, Juni-August 10–21, bis Mitte September 11–20 Uhr · Alstaviksvägen 3 · 117 33 Stockholm · Tel. 076 069 38 52
www.langholmenkajak.se · T-bana bis Hornstull

67

Gekommen, um zu bleiben

Die erbauliche Atmosphäre auf Långholmen ist ein relativ neues Phänomen: Vom 18. Jahrhundert bis 1974 lag hier ein Gefängnis, und wer die Långholmsbron, damals »Seufzerbrücke«, überquerte, war ein Ausgestoßener. Das Gefängnis ist heute ein Erlebnishotel. Keine Sorge: Es gibt »Doppelzellen«.

Im 18. Jahrhundert hatte Långholmen wenig mit Stockholm zu tun. Die Stadt konzentrierte sich auf die heutigen Gebiete der Altstadt, Norrmalm, ein paar Straßen auf Östermalm und die Mitte von Södermalm. Der Westen war kaum erschlossen, und auch auf Kungsholmen standen bloß vereinzelte Herrenhöfe. Långholmen war pure Provinz, nur der Hofbraumeister hatte hier sein Sommerdomizil. Das wurde 1724 zu einem Spinnhaus umfunktioniert, in dem »liederliche Weiber«, also verarmte Frauen und Prostituierte, eingesperrt wurden und zur Disziplinierung Garn für Stockholms Textilmanufakturen sponnen.

Ein Jahrhundert später wurde die Anstalt nach Norrmalm verlegt und stattdessen kamen männliche Gefangene nach Långholmen, wo aus dem Spinnhaus ein Gefängnis mit Einzelzellen wurde, das »Kronohäktet«. Später wuchs der Strafkomplex um ein weiteres Gefängnis. Im Jahr 1975 verließen die letzten Häftlinge die Insel. Das alte Gefängnis ist heute Hotel und Hostel, und in einer Zelle mit Stockbett zu übernachten, ist ein Erlebnis. Die Zimmer sind zwar renoviert, aber die karge Einrichtung und die kleinen Fenster lassen keinen Zweifel daran, wer hier früher hauste. Die Architektur mit den langen Gängen und offenen Galerien überrascht mit ihrer eigenartigen Ästhetik. Vor der Entlassung sollten selbst ernannte Knackis auf Zeit einen Blick ins Museum werfen, das die Geschichte des Gefängnisses und ihrer berüchtigtesten Häftlinge erzählt.

Einen kuriosen Anblick bietet das Café »Rastgården«, übersetzt »Pausenhof«: Es liegt in dem erhaltenen halbrunden Vorhof im Freien, den Mauern in tortenstückförmige Abschnitte unterteilen. Hier hatten die Gefangenen Hofgang und wurden von einem Turm in der Mitte aus überwacht. Das alte Sommerhaus aus dem 17. Jahrhundert beherbergt ein Wirtshaus mit schwedischer Küche.

Långholmen Hotell & Vandrarhem · Långholmsmuren 20 · 117 33 Stockholm · Tel. 08 720 85 00
www.langholmen.com · T-bana bis Hornstull

Die spärlich eingerichtete Bleibe auf Långholmen war früher ein Gefängnis.
Vom Eingang bis zum Zimmer ist das Gebäude originalgetreu erhalten geblieben.

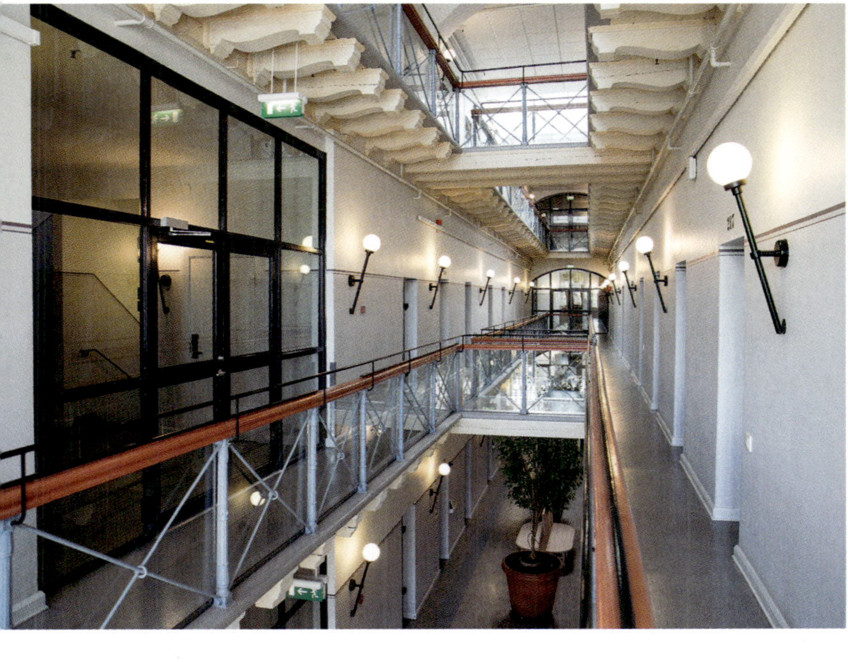

Der Strand von Långholmen, einer von wenigen in Stockholm, zieht im Sommer viele Familien an. Wer lieber trocken bleibt, kann im Bellmanhaus Kaffee trinken.

68

Frei(heits)zeit-Insel Långholmen

Die eineinhalb Kilometer lange Insel Långholmen verzückt Besucher mit ländlicher Idylle mitten in der Stadt. Sie lässt sich zu Fuß im Grünen umrunden, bietet eine gute Aussicht übers Wasser und hat einen beliebten Badestrand. Hier vergisst man, dass drum herum eine geschäftige Hauptstadt pulsiert.

Das beliebteste Ausflugsziel auf Långholmen, nach dem ehemaligen Gefängnis, ist im Sommer der Badestrand auf der Nordseite der Insel. In einer kleinen Bucht gelegen und mit Duschen ausgestattet, bietet er sich für eine Abkühlung an. Ein paar Schritte weiter leuchtet das ehemalige Zollhaus »Stora Henriksvik« hinter Bäumen hervor, ein hübsches gelbes Holzhaus aus dem Jahr 18. Jahrhundert mit einem prächtigen Garten. Hier kann man einen Kaffee trinken, eine Kleinigkeit essen und durch die Ausstellung über Troubadour Carl Michael Bellman stöbern, der oft gesehener Gast auf der Insel war und in seinen Liedern über die Damen im Zuchthaus dichtete.

Das engagierte Gastronomenpaar Lasse und Christina hatte das Haus 1992 übernommen, verfallen und zugewachsen. Bei der Renovierung verwendeten sie Farben und Material, die zur Entstehungszeit üblich waren, und verpassten dem historischen Gebäude täuschend echte »Trompe l'œil«-Malereien, neoklassizistische Möbel und chinesische Einflüsse – alles, was in der schwedischen Freiheitszeit unter König Gustav III. Mode war. Auch der Garten wurde geschichtstreu angelegt, sodass man hier Pflanzen findet, die der Adel des 18. Jahrhunderts in seinen Nutzgärten in den ländlichen Teilen von Stockholm anbaute, darunter Hopfen, Bohnen, Erbsen, Kohl und Rote Bete, außerdem Gewürze und Heilkräuter.

Ein Spaziergang an den Westzipfel der Insel führt zum Herrenhof »Karlhälls gård«, das dem »Branntweinkönig« L. O. Smith gehörte, dem Urheber und ersten Produzenten von Absolut Vodka. Sein Porträt schmückt noch immer die Flaschen der berühmten Spirituosenmarke. Das Anwesen ist heute ein Veranstaltungslokal, aber sonntags steht das Café allen offen und serviert köstliche Waffeln (11–16 Uhr).

Långholmen · 117 33 Stockholm · www.storahenriksvik.se, www.carlshallsgard.se
T-bana bis Hornstull

Entschleunigte Inselrunde

Als einzige der Stockholmer Inseln ist Kungsholmen komplett von einem Parkstreifen umgeben. Neun Kilometer lang ist der Spaziergang um die Insel. Wer sich die zwei Stunden Zeit nimmt, erlebt einen Streifzug durch verschiedene Architektur- und Parkstile sowie abenteuerliche Etappen über raue Klippen.

Die meisten Stadtpläne zeigen von Kungsholmen nur den Ostzipfel mit dem berühmten Rathaus. Jenseits davon besteht der Stadtteil aus Wohngebieten und Bürokomplexen. Rund um die Insel führt durch Parkanlagen ein durchgehender Fußweg. Er beginnt am famosen Stadshuset mit der Uferpromenade Norr Mälarstrand, die von Veteranenbooten und Häusern mit dekorierten Giebeln gesäumt ist und als kleine Schwester des Strandvägen gelten könnte. Wo die Prachtstraße in den Rålambshovsparken mündet, folgen Spaziergänger dem Uferweg nach links und passieren den Badestrand Smedsuddsbadet. Ab hier führt der Weg durch üppiges Grün, unter zwei Brücken verläuft er über Holzstege und man fühlt sich nah am Wasser. Der präparierte Weg wird bald von den kargen Fredhällsklippen abgelöst, wo man sich beim Klettern über Felsen besser in Achtsamkeit übt: Ein dünnes Geländer bietet Sicherheit, aber trotzdem sollte jeder Schritt bewusst gesetzt werden! Das Kaltbadehaus »Fredhällsbadet« ist eigentlich Mitgliedern vorbehalten, doch von Juni bis August darf es jedermann für eine Gratis-Abkühlung im Mälarsee nutzen (Snoilskyvägen 34).

Nach einem weiteren Abschnitt durch ein kleines Wäldchen versetzt der 2012 eingeweihte Strandpark des ultramodernen Viertels Hornspark Spaziergänger abrupt in die Gegenwart. Das durchdachte Projekt in Sachen Landschaftsgestaltung besticht mit einem gewundenen Weg durch eine exotische Pflanzenwelt, Wiesen zum Picknicken, Grillinseln auf dem See sowie Wasserleitern und Duschen für Badelustige. Entweder man steigt an der Station Stadshagen in die Metro oder macht die Runde auf der Nordseite der Insel komplett. Auch dort gibt es einiges zu sehen, unter anderem die Gartenkolonie Karlsbergsbro mit roten Schwedenhäuschen und den Kanal Karlbergssjön mit einem Schloss am anderen Ufer.

Spaziergang um Kungsholmen · Start: Norr Mälarstrand 1 · 111 52 Stockholm

Der Parkstreifen rund um die Insel Kungsholmen variiert zwischen verschiedenen Stilen: Norr Mälarstrand wirkt naturnah, Hornsbergs Strand ist modernes Design.

Hinter einem unscheinbaren Eingang an der Außenseite des berühmten Rathauses verbirgt sich ein alteingesessenes Restaurant, das jedes Nobelmenü kochen kann.

70

Dinieren wie Royals und Nobelpreisträger

Am Rathaus kommt früher oder später jeder Stockholm-Besucher vorbei. Was wenige wissen: Im Keller liegt das Restaurant »Stadshuskällaren«, das die festlichen Menüs des Nobelbanketts serviert. Das Dessert des jeweils letzten Nobelfestes steht immer auf der Karte, ältere Menüs bis 1901 werden auf Bestellung gekocht.

An der unscheinbaren Tür des Rathauskellers geht achtlos vorbei, wer nicht weiß, dass sich dahinter ein Gourmet-Erlebnis der Extraklasse verbirgt. In dem traditionellen Gasthaus liegt das ganze Jahr über der Zauber des Nobelbanketts in der Luft, das jeden 10. Dezember im »Blauen Saal« des Rathauses stattfindet. Legendär sind die Gourmet-Menüs aus nordischen Zutaten: kleine essbare Kunstwerke, die 150 Kellner in perfekter Choreografie servieren.

Auch Feinschmecker ohne Kontakte zur Schwedischen Akademie oder blaues Blut können in den Genuss des Drei-Gänge-Menüs kommen, wie es beim Nobelbankett auf den Tisch kommt. Es »reicht« eine gut gefüllte Urlaubskasse: Das Menü kostet 1865 Kr inklusive Weinbegleitung, 1550 Kr mit alkoholfreien Getränken. Das jeweils letzte Menü ist grundsätzlich immer verfügbar, sollte aber drei Tage im Voraus telefonisch oder per E-Mail bestellt werden. Frühere Kreationen seit 1901 werden auf Anfrage gekocht, allerdings für mindestens 10 Personen. Nobel-Aromen zu erleben geht aber auch spontan und deutlich günstiger: Das Dessert der jeweils letzten Feier steht stets auf der Speisekarte und kostet verhältnismäßig schlanke 200 Kr. Gourmets können also mittags oder abends ganz »normal« à la carte essen – der »Stadshuskällaren« verspricht feine schwedische Gerichte mit Wild, Fisch und saisonalem Touch – und den noblen Nachtisch als krönenden Abschluss bestellen.

Das Restaurant, das 1922 eröffnet wurde und damit so alt ist wie das Rathaus selbst, besticht neben der hochwertigen Küche auch mit seinem stilvollen Interieur. Das Gewölbe schmücken Fresken und hölzerne Wandpaneele, und die Stühle und Lampen hat Designer Jonas Bohlin speziell für das Rathaus entworfen.

Stadshuskällaren · Mo–Di 11.30–14.30, Mi–Fr 11.30–14.30 und 17–23, Sa 17–23 Uhr
Hantverkargatan 1 · 111 52 Stockholm · Tel. 08 58 62 18 30 · bokning@stadshuskallarensthlm.se
www.stadshuskallarensthlm.se · T-bana bis Rådhuset

71

Relaxen im Rålis

Im Sommer ist der Rålambshovsparken einer der beliebtesten Treffpunkte der Stadt. Viel Platz zum Picknicken, eine Boulebahn, leckeres Straßenessen von Foodtrucks, ein Freilichttheater und die Nähe zum Wasser ziehen an warmen Tagen scharenweise Städter zum Sporteln und Entspannen an.

Wenn Ende Mai ein Nicht-Schwede am Rålambshovsparken vorbeikommt, den die Stockholmer kurz und liebevoll »Rålis« nennen, wird er wahrscheinlich glauben, hier fände ein Festival statt, das diese erstaunlichen Mengen an jungen Erwachsenen in den Park zieht. Aber das ist ganz und gar nicht der Fall; vielmehr sind es schlicht und einfach die ersten warmen Tage des Jahres, nach denen man sich den ganzen langen Winter über gesehnt hat, die ein sofortiges Ausrücken mit Picknickdecken und Einweggrills verlangen.

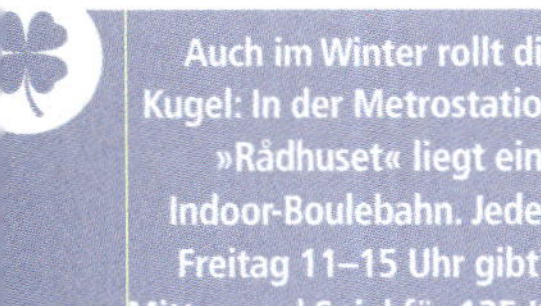

Und damit beginnt er, der schwedische Sommer: kurz, hell und die schöne Zeit bis zum Äußersten ausgenutzt.

Dass es sich im Rålambshovsparken besonders gut aushalten lässt, liegt an der ausgewogenen Mischung aus Naturbelassenheit und Serviceangebot. Einerseits findet auf der großzügigen Grünfläche mit vielen Bäumen und 300 Metern Küstenlinie jeder ein Plätzchen im Schatten oder mit Seeblick. Gleichzeitig bieten ein Bistro und eine Reihe von Foodtrucks günstige Stärkungen in unmittelbarer Nähe. Im Jahr 1936 wurde der Park der Öffentlichkeit übergeben.

Die 2019 wiedereröffnete »Boulebar« ist ein Klassiker des Stockholmer Sommervergnügens. Freunde und Arbeitskollegen messen sich bis zum Sonnenuntergang auf mehreren Bahnen in dem französischen Kultspiel und belohnen sich dazu gern mit Cocktails und Spezialitäten der südfranzösischen Küche.

Boulebar Rålambshov · Mai–August, Mo–Do 12–24, Fr 11–24, Sa 10.30–24, So 10.30–22 Uhr
Smedsuddsvägen 2 · 112 35 Stockholm · Tel. 08 714 04 20 · www.boulebar.se
T-bana bis Rådhuset

Spiel und Spaß an langen Sommertagen in der Boulebar im Rålambshovsparken.

Stimmungsvolle Oase für lange Sommerabende

Das Outdoor-Lokal »Mälarpaviljongen« bietet im Sommer eine einzigartige Atmosphäre. Unter freiem Himmel und direkt am Wasser vereint es Café, Bistro und Bar, und der dazugehörige Designladen führt Accessoires für Wohnung und Balkon. Hungrige stärken sich ab mittags mit einem vitaminreichen oder herzhaften Essen. Wer den Abend entspannt unter Locals ausklingen lassen möchte, setzt sich mit einem kühlen Bier oder einem Glas Rosé an einen der Tische auf dem Ponton, der auf dem Mälarsee schwimmt. Nicht wundern: Das in der Regenbogen-Szene beliebte Lokal wird von vielen gleichgeschlechtlichen Paaren aufgesucht, die ihre Neigung im toleranten Schweden offen zeigen. Doch das Publikum ist durchmischt und der »Mälarpaviljongen« ist bei Weitem kein reiner Gay-Club.

Mälarpaviljongen · April–September, tägl. ab 11 Uhr · Norr Mälarstrand 64
112 35 Stockholm · Tel. 08 650 87 01 · www.malarpaviljongen.se · T-bana bis Rådhuset

Nächstes Level: Kunstsafari mit der U-Bahn

Die Stockholmer U-Bahn bezeichnet sich stolz als längste Kunstgalerie der Welt, bestehend aus rund 100 kreativ gestalteten Stationen. Die mysteriöse Grotte der Station »Kungsträdgården« lernen die meisten Besucher kennen, doch die Metrostation »Thorildsplan« frequentieren fast keine Touristen. Wer hier aussteigt, findet sich in einem bunten Mosaik aus Fliesen wieder, die an die verpixelten Grafiken früher Computerspiele erinnern. »Pacman«-Geister, Herzen, Fliegenpilze und eine Regenwolke eignen sich hervorragend als Fotokulisse. Die 2008 vollendete Ausgestaltung der Station stammt von Lars Arrhenius, der auch im »Moderna Museet« vertreten ist.

T-Bana Thorildsplan · Thorildsplan 112 43 Stockholm · www.konst.sl.se

Eine der lässigsten Adressen in der warmen Jahreszeit: der Mälarpaviljongen.
Die Metrostation Thorildsplan ist ein Lichtblick für Pendler und Instagrammer.

Entschleunigung auf Schwedisch: Wohn-Design stöbern unter freiem Himmel direkt am Wasser

Wer den Stockholm Gallery District aufsucht, hat oft eine eigene Sammlung: Die Galerien bieten Werke von zeitgenössischen Künstlern zum Verkauf an.

74

Wo Kunst käuflich ist

In einer unscheinbaren Ecke des Wohnbezirks Vasastan liegen mehrere Galerien für zeitgenössische Kunst nah beieinander. Gemeinsam ergeben sie den »Stockholm Gallery District«, den Kunstkenner aus aller Welt aufsuchen, um nach interessanten Bildern und Skulpturen für die eigene Sammlung zu stöbern.

Im Gegensatz zu Museen geht es den Galerien nicht darum, eine Sammlung öffentlich zu zeigen, sondern Werke von aktuellen Künstlern an Sammler zu verkaufen. Deswegen wechseln die Ausstellungen in schnellem Takt: Ein Künstler wird vier bis fünf Wochen gezeigt, dann kommt der nächste. Die Galerien auf und nahe der Hudiksvallsgatan stimmen die Eröffnungstermine ihrer Ausstellungen ab, sodass einerseits die geselligen Vernissagen am selben Abend stattfinden und andererseits ein breites Spektrum an Kunst geboten wird.

Auch wenn die Galerien auf Käufer ausgerichtet sind, stehen sie jedermann offen, der sich einen Eindruck davon verschaffen will, was sich in der nordischen Kunstszene tut. Am besucherfreundlichsten, da am leichtesten zu finden, ist die Galerie Nordenhake, die neben der Filiale in Stockholm auch je eine Niederlassung in Berlin und im mexikanischen Juárez hat. Sie arbeitet mit vielen hochkarätigen Künstlern zusammen, sowohl lokal als auch international, und es kommt regelmäßig vor, dass die Kuratoren schwedische Künstler nach Deutschland bringen und umgekehrt. Der Brite Ben Loveless führt die Galerie Nordenhake in Stockholm und kann Auskunft über aufstrebende Künstler, die Stockholmer Kunstszene und den Kunstmarkt allgemein geben. Zu seinen Stammkunden zählen überwiegend Schweden sowie Amerikaner, die durch ganz Europa von Galerie zu Galerie pilgern, auf der Suche nach vielversprechenden Objekten von dem Kontinent, der seit Jahrhunderten den goldenen Schnitt kennt.

Die Matthäuskirche hat viele Konzerte im Programm, darunter die beliebten Mittagskonzerte: Jeden Mittwoch um 12 Uhr gibt's klassische Musik und danach eine warme Suppe (Vanadisvägen 35).

Stockholm Gallery District · Hudiksvallsgatan · 113 30 Stockholm
www.stockholmgallerydistrict.se · T-bana bis Odenplan

75

Wo Stockholm in die Sterne schaute

Das Café »Himlavalvet« im Park Observatorielunden ist eine kleine Oase mitten in der Stadt. Im Sommer genießen die Gäste Waffeln, Mittagsgerichte, Kaffee und Kuchen im Freien. Die Lage auf 42 Metern über dem Meer bietet aber auch ohne Teleskop eine besondere Aussicht: Das Café liegt auf einem Reststück des »Stockholmsåsen«, des 60 Kilometer langen Wallbergs zwischen Stockholm und Uppsala. Der Name, übersetzt »Himmelszelt«, erinnert an den prominenten Nachbarn: das ehemalige Observatorium. Von 1756 bis 1931 beobachtete man von hier aus das Wetter und die Sterne. Mit über 250 Jahren täglicher Temperaturmessungen ohne Unterbrechungen hält Stockholm wahrscheinlich den Weltrekord.

Café Himlavalvet · April–September tägl. 11–17 Uhr, Rest des Jahres siehe Homepage. · Drottninggatan 120 · 113 60 Stockholm · 08 31 40 41 · www.kafehimlavalvet.se · T-bana bis Odenplan

Puristische Mode zu transparenten Preisen

Die Gründer der Modemarke »Asket« für Männer hat einen innovativen Zugang zum Thema Bekleidung: Sie glauben nicht an saisonale Kollektionen, sondern beschränken sich auf Klassiker in zeitlosen Farben und aus hochwertigen Materialien. Statt der üblichen 5 Größen von XS bis XL gibt es ganze 15, sodass jeder seine perfekte Passform findet. Statt aus Herstellungskosten und Profit ein Geheimnis zu machen, werden die Preise auf der Homepage offen dargelegt. Und statt Boutiquen und Wiederverkäufern beliefert »Asket« über den Onlineshop seine Kunden direkt. Nur im Stockholmer Showroom kann man(n) die Sachen anprobieren und bekommt den Einkauf dann nach Hause geschickt.

Asket · Mo–Do 12–19, Fr 12–16 Uhr · Dalagatan 27 · 113 24 Stockholm
www.asket.com · T-bana bis Odenplan

Das Observatorium hat ausgedient, aber hübsch anzusehen ist es noch immer.
Im Showroom des Labels »Asket« finden Männer dank 15 Größen die ideale Passform.

77

Im bescheidenen Reich der Astrid Lindgren

»A. Lindgren. Bitte keine Werbung.« Das unscheinbare Namensschild an der Wohnungstür zeugt von einer Bewohnerin, die trotz Weltruhm bescheiden blieb: der Kinderbuchautorin Astrid Lindgren (1907–2002). Die Schöpferin von »Pippi Langstrumpf« lebte und arbeitete 60 Jahre lang in der Vierzimmerwohnung am Vasaparken.

Es gibt eine gute Stube, ein Wohnzimmer voller Nippes und Geschenke, ein Schlafzimmer und ein Arbeitszimmer sowie ein Vorzimmer mit Esstisch und den Flur, wo noch Astrid Lindgrens grauer Mantel an der Garderobe hängt. Zunächst wohnte sie hier mit Mann Sture Lindgren und den Kindern Lars und Karin, doch nach dem Tod des Mannes und dem Auszug der Kinder lebte sie die längste Zeit allein. Die Wohnung ist seit dem Tod der Autorin unverändert geblieben und dient ihren Nachfahren bis heute als Treffpunkt. Seit 2015 bietet die Stiftung Astrid-Lindgren-Gesellschaft mehrmals monatlich öffentliche Führungen an, bei denen die Besucher die private Seite der Autorin kennenlernen.

Pro Führung sind allerdings nur zwölf Teilnehmer zugelassen, die Termine sind oft über einen Monat im Voraus ausgebucht. Trost spendet die Homepage der Astrid-Lindgren-Gesellschaft (www.astridlindgrensallskapet.se): Hier kann man einen virtuellen Rundgang durch die Wohnung unternehmen. Die detaillierten 360-Grad-Bilder erlauben Blicke auf den Schreibtisch und ins Bücherregal der Autorin. Übrigens: Astrid Lindgren schrieb ihre Manuskripte in Stenografie und verfasste nur die Reinschrift auf der Schreibmaschine.

Im Jahr 1941, als die Familie einzog, lag Karin krank im Bett und wünschte sich eine Geschichte über »Pippi Langstrumpf«. Die Idee baute Astrid Lindgren zu einem Buch aus, das der schwedische Verlag »Rabén & Sjögren« 1945 herausgab; gleichzeitig stellte er Astrid Lindgren als Lektorin ein. Bis zu ihrer Pension 1970 arbeitete sie vormittags zu Hause an ihren eignen Büchern und bearbeitete nachmittags im Verlag die Werke anderer Autoren. In ihrem langen, produktiven Leben als Schriftstellerin verfasste sie 41 Bücher sowie 34 Bilderbücher. Ihre Werke wurden in 70 Sprachen übersetzt.

Astrid Lindgrens Hem · Nur im Zuge von Führungen geöffnet. Termine siehe Homepage.
Dalagatan 46 · 113 24 Stockholm · info@astridlindgrensallskapet.se
www.astridlindgrenshem.se · T-bana bis Odenplan

Die Wohnung von Astrid Lindgren gibt Einblicke in den Alltag der Autorin.
Alles liegt an seinem ursprünglichen Platz, als wäre sie nur einkaufen gegangen.

»Old Touch« ist einer von mehreren Vintageläden und Antiquitätenhändlern, die die Upplandsgatan im Viertel Vasastan säumen und Nostalgie auslösen.

Aktualität liegt im Auge des Betrachters

Das gemütliche Viertel Vasastan beherbergt Geschäfte mit Mode, Accessoires und Möbeln aus zweiter Hand. Statt muffiger Ladenhüter findet man ein mit Liebe kuratiertes Sortiment mit Schätzen aus vergangenen Epochen. Stockholmer Vintage-Fans streifen am liebsten durch die Upplandsgatan, wo mehrere Läden versammelt sind.

Mischt man das ausgeprägte Umweltbewusstsein der Schweden und ihr Streben nach einem nachhaltigen Lebensstil mit dem Sinn für Design und individuelle Inneneinrichtung, erhält man den perfekten Nährboden für Vintagemode und Antiquitätenhandel. Möbel, Kleider und Küchengeräte aus zweiter Hand zu kaufen, hat in Stockholm nichts mit verstaubtem Chaos zu tun. Hier gehört es zum guten Ton, samstags auf der Suche nach Unikaten durch die Secondhand-Boutiquen zu stöbern, um der Wohnung oder dem Kleiderschrank eine persönliche Note zu verleihen.

Filialen der Ketten »Myrorna« und »Stockholms Stadsmission«, deren Erlöse Bedürftigen zugutekommen, findet man in der ganzen Stadt. Einen Blick hineinzuwerfen, kommt dem Besuch in einem Heimatmuseum nahe, so vielseitig ist das aus Spenden bestehende Angebot.

Die richtigen Vintage-Kenner suchen ihr Glück aber bei spezialisierten Einzelhändlern, die Raritäten bei Reisen und Auktionen zusammentragen und einen Mix aus schwedischen und ausländischen Fundstücken bieten. Der beste Anlaufpunkt für Retro-Fans ist die Straße Upplandsgatan in Vasastan. Hier liegen gleich sechs Adressen nah beieinander. »Old Touch« hat Kleider und Accessoires aus der ersten Hälfte des 20. Jahrhunderts. Auch »Lotta Vintage« führt farbenfrohe Mode aus Omas Zeiten. Wer sich für Möbel und Design aus vergangenen Jahrzehnten interessiert, ist bei »Bacchus Antik« und »Domino Antik« richtig.

Auf der Hornsgatan auf Södermalm liegt das nächste Vintage-Mekka: Die Geschäfte »Filippa K Second Hand«, »Brandstationen«, »Judit« und »Herr Judit« sind den Weg wert.

Vintage-Shopping in Vasastan · Öffnungszeiten variieren.
Kernzeiten: Mo–Fr 11–18, Sa 11–15 Uhr Upplandsgatan ·113 28 Stockholm
T-bana bis Odenplan

Dynamische Skulpturen waren das Markenzeichen von Bildhauer Carl Milles.

Kaffeepause mit Matchakuchen und Bubble Tea

Der Stadtteil Vasastan ist bekannt für seine modernen Cafés. Das 2018 eröffnete Café »Koya« bereichert die Stockholmer Kaffeeszene zusätzlich um japanische Leckereien zum Essen und Trinken. Auf der Karte stehen neben klassischen Kaffeegetränken auch Matcha Latte, Zitronentee und authentischer Bubble Tea. Alternativen zu Zimtschnecke & Co. bieten japanische Käsekuchen, fluffige Pancakes und die empfehlenswerte Matcha-Schichttorte, die auch optisch zu den besonderen Leckerbissen der japanischen Backkunst zählt.

Im Gegensatz zu europäischem Backwerk sind die japanischen Kreationen weniger süß, dafür aromatisch und erfrischend. Der Name des Cafés bedeutet »kleines, gemütliches Zuhause«, und das winzige Lokal mit liebevoll dekorierten Speisen macht ihm alle Ehre.

Café Koya · Mi–Sa 10–18, So 11–18 Uhr ·Gästrikegatan 3 · 113 62 Stockholm
www.cafekoya.se · T-bana bis St. Eriksplan

Supermarkt mit Atmosphäre

Der Lebensmittelladen »Caja Warg« ist kein gewöhnlicher Supermarkt. Warmes Licht, klassische Musik und eine urtümliche Einrichtung aus Holzregalen und Leitern geben der Feinkost-Adresse einen besonderen Charme. Das Sortiment folgt den Jahreszeiten und konzentriert sich auf nachhaltig hergestellte Produkte aus der Umgebung sowie handverlesene Bio-Spezialitäten aus dem Ausland. Marmeladen, Knäckebrot und Süßigkeiten in hübscher Verpackung bieten sich als Mitbringsel für Feinschmecker an. Das Konzept des Delikatessenladens mit Produkten aus klein angelegter Landwirtschaft statt Massenproduktion für billige Eigenmarken der Supermärkte ist übrigens kein Hipster-Phänomen, sondern hält sich seit 1996.

Cajsa Warg · Mo–Fr 7.30–21, Sa–So 9–21 Uhr · Sankt Eriksplan 2 · 113 20 Stockholm
Tel. 08 33 01 20 · www.cajsawarg.se ·T-bana bis St. Eriksplan

Ausgefallene Kuchen und exotische Getränke serviert das japanische Café »Koya«.
Im Feinkostladen »Cajsa Warg« sind alle Produkte mit Bedacht ausgewählt.

Im Marabouparken bilden Kunst und Natur einen Ort der Entspannung.
Unter der Erde liegt die moderne Galerie, die Werke aktueller Künstler zeigt.

Der Park, der Appetit auf Schokolade macht

81

Der »Marabouparken« entstand vor über 80 Jahren als Erholungsgebiet für die Angestellten der gleichnamigen Schokoladenfabrik. Heute ist die Anlage mit Skulpturensammlung und unterirdischer Kunsthalle – alles mit freiem Eintritt – ein beliebtes Freizeitziel für Locals. Kinder planschen im Sommer im Badeteich.

Im Jahr 1916 gründete der norwegische Schoko-Riese Freia die schwedische Tochterfirma Marabou. Die gelb verpackten Tafeln des schwedischen Pendants zu Milka füllen bis heute die Regale in den Süßwarenabteilungen aller Supermärkte. Die Firma war damals in Sachen »employer branding« schon weit vorn: Um den Mitarbeitern nach der Schicht Erholung zu bieten, ließ man von angesehenen Landschaftsarchitekten direkt neben der Fabrik einen Park anlegen. Der norwegische Geschäftsführer Henning Throne-Holst war überzeugt davon, dass Natur und Kunst dabei helfen konnten, den negativen Auswirkungen der Industrialisierung und Urbanisierung entgegenzuwirken.

Der Weg von der Metrostation zum Park führt über den Platz Sundbybergs Torg. Hier steht ein weiteres, von Marabou gesponsertes Kunstwerk: der Springbrunnen mit der »glücklichen Familie«.

Der kunstinteressierte Industrielle legte den Grundstein für eine 16 Werke umfassende Skulpturensammlung im Freien, in der Bildhauer aus Norwegen und Schweden vertreten sind. Von Gustav Vigeland stammen die »spielenden Bären« aus Bronze, Bror Hjorth hat die Frauengestalt »Margit« geschaffen und Ivar Johnson verdanken wir den reitenden »König auf dem Eriksweg«. Kinder mögen besonders das zierliche Reh, das den Badeteich überwacht.

Die Schokoladenfabrik ist zwar längst weitergezogen, doch der Park erfüllt seinen ursprünglichen Zweck noch immer: Städter zu einer Auszeit im Grünen einzuladen. 2010 ist auf der Ostseite des Parks, unter dem ehemaligen Kakaolabor, eine unterirdische Kunsthalle hinzugekommen. In Wechselausstellungen finden hier zeitgenössische Künstler ein breites Publikum.

Marabouparken · Mi 12–20, Do–So 12–17 Uhr · Löfströmsvägen 8 · 172 66 Sundbyberg
Tel. 08 29 45 90 · www.marabouparken.se · T-bana bis Sundbyberg

82

Erinnerungen an das schwedische Hollywood

In der »Filmstadt Råsunda« ist ein Stück schwedischer Kinogeschichte bewahrt. Hier wurden zwischen 1920 und 1973 über 400 Filme gedreht. Die späteren Stars Ingmar Bergman, Greta Garbo und Ingrid Bergman machten in der Traumfabrik ihre ersten Schritte vor und hinter der Kamera. Die Filmstadt ist nicht mehr aktiv und auch nicht abgeschlossen, sondern besteht aus einzelnen Gebäuden aus der Blütezeit des schwedischen Kinos. Auf der Homepage der Stiftung »Filmstadens Kultur« ist ein englischer Audioguide gratis verfügbar, der die Highlights vorstellt. In der ehemaligen Kantine für Schauspieler und Assistenten, »Backstugan«, liegt noch heute ein gemütliches Restaurant.

Filmstaden Råsunda · Backstugan: Di–Do 17–22, Fr 15.30–22, Sa 12–23, So 12–21 Uhr
Greta Garbos Väg 9 · 169 86 Solna · Tel. 08 27 00 10
www.en.filmstadenskultur.se/guided-tours/audioguide
T-bana bis Näckrosen

83

Historisches Gasthaus zwischen City und Natur

Im Boutiquehotel »Stallmästaregården« können Gäste mitten in Stockholm Ferien auf dem Land machen. Es liegt am Südende der Bucht Brunnsviken, wo die Stadt den Hagaparken berührt. Der Spazierweg am Ufer verspricht nach dem Frühstück einen perfekten Start in den Tag. Zum Hotel gehört das 2012 eröffnete Restaurant, das in modernem Ambiente schwedische Klassiker zeitgemäß interpretiert. Wer ein romantisches Dinner zu einem besonderen Anlass wünscht, lässt sich das Menü im historischen Pavillon direkt am Wasser servieren. Schon Königin Kristina feierte und entspannte im 17. Jahrhundert im »Hof des Stallmeisters«, gerne nach Jagdausritten rund um die Bucht.

Stallmästaregården · Mo–Fr 11.30–22 (Mittag bis 16 Uhr), Sa 16–22 Uhr, So 12–16 und 17–20 Uhr
Stallmästaregården, Norrtull · 113 47 Stockholm · Tel. 08 610 13 00 · www.stallmastaregarden.se
Bus 515 von Odenplan bis Haga Södra

Showtime! An die Blütezeit des Schwedenkinos erinnert die Filmstadt Råsunda.
Im Stallmästaregården war vor 400 Jahren schon Königin Kristina zu Gast.

84

Auch Könige lieben Picknicks

Im Hagapark gibt es in der üppigen Natur viel Kulturelles zu entdecken: zwei Schlösser, eine Ruine, das Schmetterlingshaus mit Raubfisch-Aquarium sowie verspielte Pavillons, Kupferzelte und einen Outdoor-Speisesaal aus dem 18. Jahrhundert. Auf Segways macht die Erkundungstour am meisten Spaß.

144 Hektar – über 200 Fußballfelder – misst der beliebte Hagaparken im Norden von Stockholm. Er liegt an der Bucht Brunnsviken und ist Teil des Nationalstadtparks Ekoparken (Seite 88). König Gustav III., ein Kind der Aufklärung und Anhänger der Naturphilosophie von Jean-Jacques Rousseau, ließ den Park im 18. Jahrhundert nach englischem Vorbild anlegen. Mit Hügeln, Waldstücken und geschwungenen Spazierwegen wirkt die Anlage wie von der Natur geschaffen.

In das Schloss »Gustav III.s Pavilion« zog sich der König in unruhigen Zeiten zurück. Das erhaltene Interieur gilt als herausragendes Beispiel für den schwedischen Empire-Stil, die »gustavianische Ära«. Im Sommer steht es Besuchern offen. Wenige Schritte entfernt thront der Echotempel auf einem Hügel, wo sich der König sein Essen im Freien servieren ließ. Für weitere Bauwerke holte er Inspiration aus dem Ausland: Es gibt einen türkischen Kiosk und einen chinesischen Pavillon. Etwa 300 m nordwestlich sollte noch ein größeres Schloss entstehen. Doch 1792 wurde Gustav III. bei einem Maskenball ermordet und die Bauarbeiten kamen schon im Keller zum Stillstand. Die überwachsene Ruine mit Räumen und Durchgängen gibt heute einen aufregenden Spielplatz ab.

Im Norden des Parks liegt das Schmetterlingshaus »Fjärilshuset« mit dem Hai-Aquarium »Haga Ocean«. Hier kann man für halbe oder ganze Stunden Segways ausleihen, um durch den weitläufigen Park zu flitzen. Dabei kommt man auch am Schloss Haga vorbei, wo Kronprinzessin Victoria mit ihrer Familie wohnt. Die Residenz ist allerdings umzäunt und nicht öffentlich. Nach dem Ausflug bietet sich eine Stärkung im Café »Koppartälten« an, das seine Gäste in einem leuchtend blauen Kupferzelt aus der Zeit von Gustav III. empfängt.

Fjärilshuset · Tägl. 10–16 Uhr. Im Winter eingeschränkter Segway-Verleih.
Hagaparken · 169 70 Solna · Tel. 08 730 39 81 · www.fjarilshuset.se/en/segways
Bus 515 von Odenplan bis Haga Norra

Im Hagapark wohnte einst König Gustav III., heute die Kronprinzessin Victoria.
Durch die Landschaft mit Schlössern und Pavillons kann man auf Segways düsen.

Zum botanischen Garten gehören auch zwei sehenswerte Gewächshäuser.

Kurzurlaub im Pflanzenreich

85

Stockholms botanischer Garten ist mehr Landschaftspark als systematische Pflanzensammlung. Auf einer Halbinsel gelegen, die in die Bucht Brunnsviken ragt, besteht der Garten aus mehreren Vegetationszonen, verbunden durch einladende Spazierwege. In den Gewächshäusern tragen Exoten Blüten und Früchte.

Wer Pflanzen liebt oder selbst gärtnert, wird den »Bergianska Trädgården« lieben. Das hügelige Terrain, die vielen hohen Bäume und die Nähe zum Wasser geben das Gefühl, man wandle durch ein besonders hübsches Stück Natur statt durch einen von Wissenschaftlern angelegten Lehrgarten. Der beschauliche japanische Garten ist eine geschützte Ruheoase, während die italienische Terrasse einen fantastischen Blick auf den Brunnsviken und den gegenüberliegenden Hagapark bietet. Nordeuropäische Pflanzen wachsen im Kräuter- und Obstgarten sowie in der systematischen Abteilung. Insgesamt gedeihen im »Bergianska Trädgården« rund 9000 Arten. Der Garten ist nach den Gebrüdern Bergius benannt, die um 1760 Stockholms ersten botanischen Garten im heutigen Viertel Vasastan anlegten. 1885, als die Stadt dort Wohnhäuser vorsah, zog die grüne Sammlung an ihren jetzigen Platz um.

Zur Jahrhundertwende wurde das Gewächshaus »Victoriahuset« für Seerosen eingeweiht, ein filigran wirkender Kuppelbau aus Glas und Eisen. Jeden Sommer blüht hier – nur wenige Abende – die Riesenseerose »Victoria cruziana«, deren Blüte 40 cm groß wird und deren Blätter einen Durchmesser von über zwei Metern haben.

Wenn im Winter Dunkelheit und Kälte den Stockholmer die Lebensfreude rauben, machen diese Kurzurlaub in »Edvard Andersons Växthus«. Das 1995 eröffnete Gewächshaus ist auf die mediterrane Flora spezialisiert und verwöhnt Besucher mit Licht, Wärme und Düften. Der Stifter Edvard Anderson, ein Industrieller und reicher Glashändler, hatte sein Erbe der Stadt vermacht, um ihren Bewohnern ein Stück Mittelmeerraum zu schenken. Auch das Café im Inneren des Gewächshauses war sein Wunsch.

Bergianska Trädgården · Garten immer geöffnet. Gewächshäuser: Mo–Fr 11–16, Sa–So 11–17 Uhr; Victoriahuset nur Mai–September · Gustafsborgsvägen 4 · 114 18 Stockholm · Tel. 08 16 37 01 www.bergianska.se · T-bana bis Universitetet oder Bus 50 bis Bergiusvägen

86

Interaktives Museum für große und kleine Entdecker

Das naturhistorische Museum ist dank freiem Eintritt und kindgerechter Aufmachung ein Tipp für Familien und rettet jeden Regentag in Stockholm. Ein Dutzend Teilausstellungen beschäftigen sich mit der Entwicklung von Mensch, Tier und Umwelt. Das IMAX-Kino »Cosmonova« zeigt Naturfilme mit packender Technik.

Dass die Beschreibungen auf Schwedisch verfasst sind, verdirbt den Spaß im »Naturhistoriska Riksmuseet« kaum: Hier geht es mehr ums Anfassen und Entdecken als ums Lesen, und ausgestopfte Elche, Dinosauriereier und riesige Wal-Skelette sprechen sowieso für sich. Plastisch, lebendig und liebevoll gestaltet, zählt das Museum zu den interaktivsten und familienfreundlichsten des Landes. Das Museumsrestaurant »Fossilen« bietet süße und herzhafte Stärkungen.

Die beliebteste Teilausstellungen heißt »Fossil & Evolution« und befasst sich mit Dinosauriern und anderen frühen Tierwesen. Die Höhepunkte sind der schlafende Psittacosaurus und die mächtigen Dino-Skelette. Außerdem können Kinder in einem Sandkasten Archäologen spielen und Knochen ausgraben.

Der Abschnitt »Natur in Schweden« stellt heimische Tierarten in ihrem natürlichen Lebensraum vor, vom König des Waldes über Adler, Wölfe und Bären bis hin zu Insekten, die man fast nur mit der Lupe erkennt. Und man lernt – wenn man denn möchte – den Brunftschrei der Elche. Auch Nord- und Südpol sind in einer eigenen Ausstellung vertreten, außerdem gibt es ein eigenes Kapitel zum »Leben im Wasser«. Die »Reise des Menschen« folgt der Entwicklung von den ersten aufrecht gehenden Wesen in Afrika bis hin zum modernen Homo sapiens.

Wer bisher noch keinen IMAX-Film erlebt hat, sollte die Chance nutzen: Im Kino »Cosmonova«, für das man eine Karte kaufen muss, beginnt jeweils zur vollen Stunde ein Naturfilm mit beeindruckender Technik. Die 760 m² große, kuppelförmig gewölbte Leinwand zieht die Zuschauer mitten hinein ins Geschehen. Ob Weltraum, Ozeane oder Pandas – die Geschichten sind in beeindruckenden Bildern erzählt und dank englischer Tonspur über eigene oder Leihkopfhörer auch für internationale Gäste verständlich.

Naturhistoriska Riksmuseet · Di–So 10–18 Uhr · Frescativägen 40 · 114 18 Stockholm
Tel. 08 51 95 40 00 · www.nrm.se · T-bana bis Universitetet

Schlechtes Wetter? Ein Besuch im naturhistorischen Museum hält die ganze Familie bei Laune. Neben der Ausstellung gibt es ein IMAX-Kino.

Der Millesgården zeigt das vielseitige Werk des Bildhauers Carl Milles.

87

Ein Stück vom (Kunst-)Paradies

Auf der hügeligen Insel Lidingö hat der berühmte Bildhauer Carl Milles ein Gesamtkunstwerk aus Skulpturen, Pflanzen und Architektur geschaffen. Der »Millesgården« stellt sein vielseitiges Werk in Künstlerhaus, Atelier und Skulpturenpark vor. Eine zusätzliche Kunsthalle zeigt einladend kuratierte Ausstellungen.

Der Bildhauer Carl Milles (1875–1955) gab in der ersten Hälfte des 20. Jahrhunderts in der schwedischen Kunstwelt den Ton an. Seine dynamischen Skulpturen mit Motiven aus der Antike, der christlichen Mythologie und der nordischen Geschichte schmücken öffentliche Plätze in ganz Schweden. In Stockholm hat er sich mit monumentalen Werken wie der Orfeus-Gruppe auf dem Hötorget, dem »Sonnensänger« auf der Strömparterren und »Gott dem Vater auf dem Himmelsbogen« am Fähranleger von Nacka verewigt. Außerdem besitzen Prins Eugens Waldemarsudde (Seite 97) und andere Museen kleinere Skulpturen.

Doch nirgendwo erlebt man Milles' facettenreiches Schaffen so großartig in Szene gesetzt wie im »Millesgården«. Als Carl Milles und seine Frau Olga, eine gebürtige Österreicherin, den Grund 1906 erwarben, war es nicht mehr als eine überwucherte Granitklippe. Aus der rauen Natur formten sie einen mediterran angehauchten Garten über mehrere Etagen, mit Terrassen, Treppen und Säulen. Mal verstecken sich die Kunstwerke in Nischen und zwischen Bäumen, woanders zeigt ein nackter Poseidon den vorbeifahrenden Kreuzfahrtschiffen freimütig seinen großen … Fisch.

Das Künstlerhaus mit Atelier erzählt vom Leben, Wirken und vom Geschmack der beiden Künstler. Während man sich in der bescheidenen Frühstücksecke kaum zwei Leute gleichzeitig vorstellen kann, strahlt das »rote Zimmer« mit Marmorboden und Skulpturen auf Säulen südländische Eleganz aus. Die verglaste Loggia beherbergt eine Sammlung antiker Statuen, die Carl Milles als stumme Lehrmeister dienten. Als ob das nicht genug Inspiration wäre, arrangiert der »Millesgården« in einer eigenen Kunsthalle zusätzlich Ausstellungen zu unterschiedlichen Themen. Ob Impressionismus oder »Arts and Crafts«-Muster, die Ausstellungen sind meist farbenfroh und zugänglich.

Millesgården · Di–So 11–17 Uhr, Mai–Sept. auch Mo · Herserudsvägen 32 · 181 50 Lidingö
Tel. 08 446 75 90 · www.millesgarden.se · T-bana bis Ropsten, dann Bus bis Lidingö Torsvikstorg

Die Suche nach dem perfekten Stuhl

Weil Stockholm kein separates Designmuseum hatte, hat ein Architektenpaar selbst eines aufgemacht. Im »Möbeldesignmuseum« sind Hunderte Stühle und andere Möbel von namhaften Designern zu sehen, von extravagant bis minimalistisch. Ein bunter Streifzug durch die Möglichkeiten des Wohnens.

Anfang 2018 haben die Architekten Kersti Sandin und Lars Bülow ihre private Sammlung an Designmöbeln als unkonventionelles Museum eröffnet. Es liegt in einem ehemaligen Lagerhaus am Hafen Frihamnen, wo heute statt Containerfrachtern nur noch Kreuzfahrtschiffe ablegen. Dort ist genug Platz für die 700 Stühle, Tische, Schränke und Lampen starke Kollektion, aus der 500 Stücke gezeigt werden. Die Möbel sind entworfen von 250 nordischen und internationalen Designern wie Alvar Aalto, Arne Jacobsen, Tom Dixon

Im Möbeldesignmuseum sind Designer mit Stühlen und anderen Entwürfen vertreten.

und Le Corbusier. Auch Estrid Ericson und Josef Frank, das starke Duo hinter »Svenskt Tenn« (Seite 78), sind in der Sammlung vertreten. Zwei Ausstellungen pro Jahr beleuchten einen besonderen Aspekt, etwa eine Epoche, ein Material, einen Designer oder eine wiederkehrende Technik. Der Rest der Sammlung steht systematisch geordnet in einer Halle auf Lagerregalen. Während Schilder die Ausstellung erklären, muss man sich im Magazin selbst zurechtfinden.

Im übernächsten Lagerhaus am selben Pier liegt die Craft-Brauerei »Stockholm Brewing Co.«, die Führungen und Verkostungen anbietet. Im Bistro »Farm« gibt's Bio-Essen (Frihamnsgatan 28).

Die Sammlung zeigt eindrucksvoll, dass Designer einerseits praktische und wohnfreundliche Sessel hervorbringen, andererseits aber auch mit Formen experimentieren, auf denen man keine fünf Minuten sitzen wollen würde. Die Vielfalt an Möbeln skizziert die Entwicklung des Interieurs und der technischen Möglichkeiten in Formgebung und Herstellung von 1800 bis heute. Das Gründerpaar ist selbst seit 40 Jahren in der Möbelbranche tätig und möchte Designstudenten und Interessierten Zugang zu einer Fülle an Stilen und Techniken geben.

Möbeldesignmuseum · Mi 12–19 Uhr · Frihamnsgatan 50 · 115 56 Stockholm · Tel. 072 715 05 25
www.mobeldesignmuseum.se · T-bana bis Gärdet, dann Bus 1 bis Frihamnen

Der futuristische Stadtteil Hammarby Sjöstad zeigt die Zukunft des Wohnbaus und funktioniert als Freilichtmuseum für Städtebauer und Architekturinteressierte.

89

Die Seestadt der Zukunft

Der Stadtteil Hammarby Sjöstad im Süden von Stockholm zeigt; was passiert, wenn Stadtplaner große Träume haben. In den vergangenen zwei Jahrzehnten hat sich hier ehemaliges Brachland in eine boomende Seestadt verwandelt, die Architekten und Raumplaner bis nach Asien und Amerika zum Nachmachen inspiriert.

Wer wissen will, wie die Städte der Zukunft aussehen, sollte nach Hammarby Sjöstad fahren. Die moderne Seestadt ist eines der ambitioniertesten Stadtentwicklungsprojekte, die man in Skandinavien je gesehen hat. Auf ehemaligem Industrieland ist in 20 Jahren Bauzeit ein nachhaltiger Stadtteil entstanden, in dem 28 000 Bewohner und 10 000 Mitarbeiter in Büros ihren Platz gefunden haben. Die geradlinige Architektur ist zum Wasser hin ausgerichtet, und niemand hat es weiter als 300 m von seiner Haustür bis zum Hammarby-See oder zum Sickla-Kanal. Uferpromenade und Holzstege, die zwischen Schilf über das Wasser führen, bieten Möglichkeiten zu Spaziergängen mit Aussicht.

Wie viele innovative Ideen begann auch die Seestadt Hammarby als verspottetes Hirngespinst: Architekt Jan Inghe-Hagström sah das Potenzial im Gebiet um den Hammarby-See schon Anfang der 1990er-Jahre, als jeder Städter von Verstand die unseriösen Werkstätten, die provisorischen Hütten von Obdachlosen und die vermeintlichen Drogenumschlagplätze mied. Außerdem waren Wasser und Boden voll mit Schadstoffen. In dieser Altlast sah Inghe-Hagström das erste umweltfreundliche olympische Dorf, womit sich Stockholm tatsächlich für die Sommerspiele 2004 bewarb. Die Olympiade ging nach Athen, doch Stockholm baute seine Bio-Stadt trotzdem. Sechs Ziele setzte Inghe-Hagström für den neuen Stadtteil: eine sinnvolle Landnutzung mit Grünflächen, die Zurückgewinnung des kontaminierten Gebiets, gute öffentliche Verkehrsverbindungen, Häuser aus umweltfreundlichen Baustoffen, einen optimierten Energieverbrauch und ein innovatives Müll- und Abwassersystem. Das »Hammarby-Modell« ist mittlerweile weltbekannt und lockt Politiker und Architekten aus fernen Ländern wie China, Indien und Argentinien an, die selbst nachhaltige Städte nach schwedischem Vorbild bauen wollen.

Hammarby Sjöstad · 120 68 Stockholm · www.hammarbysjostad.eu
T-bana bis Gullmarsplan, dann Tram 22 bis Sickla Udde

Zum Wintersport auf Stockholms Hausberg

Die Stockholmer mögen zuweilen cool und distanziert wirken, doch im Herzen sind die meisten von ihnen Naturburschen, die in der Freizeit gerne draußen sind, und das zu jeder Jahreszeit. Im Winter schultern sie Skier und Snowboard, steigen in die U-Bahn und üben sich auf dem Hausberg Hammarbybacken im Abfahrtslauf. Freilich ist mit einer Spitze auf 93,5 Metern nicht viel gewonnen, aber man vergleicht sich ja auch nicht mit den Alpen. Fünf Skipisten und ein Snowboardpark genügen für spontanes Wintersporteln. Besucher können sich vor Ort Ausrüstung ausleihen. Im Sommer zischen Mountainbiker beim Downhill den Hang hinunter.

Hammarbybacken · Januar–März · Hammarby Fabriksväg 111 · 120 66 Stockholm · Tel. 08 641 68 30
www.skistar.com/hammarbybacken · T-bana bis Gullmarsplan, dann Tram 22 bis Sickla Kaj

91

Elchsafari mit Picknick am Lagerfeuer

Der Veranstalter »Green Trails« hat Naturabenteuer für jedes Zeitbudget im Repertoire, von drei Stunden bis sechs Tage. Kult ist die abendliche Elchsafari von April bis September, die dann startet, wenn andere Sehenswürdigkeiten geschlossen haben. Ein Wanderführer, der sich in der schwedischen Tierwelt auskennt, nimmt dabei eine Gruppe von drei bis acht Teilnehmern mit in die Natur im Süden der Metropole. Am Lagerfeuer erklärt er die Flora und Fauna der Region, außerdem wird zusammen unter freiem Himmel gekocht. Sobald die Lichtverhältnisse ideal sind, fahren und wandern die Teilnehmer der Expedition an mehrere Stellen und halten nach Elchen, Hirschen und Wildschweinen Ausschau.

The Green Trails · Treffpunkt: Café Blå Lotus · Katarina Bangata 21 · 116 39 Stockholm
Tel. 072 907 62 60 · www.thegreentrails.com · T-bana bis Medborgarplatsen

Die Pisten des Hammarbybacken eignen sich für aktive Wintertage in der Gruppe.
Man braucht nicht nach Lappland zu fahren, um Elche zu sehen – Stockholm reicht.

Die »Kapelle der Hoffnung« ist einer von fünf Gebetsräumen auf dem Waldfriedhof.
Zur besonderen Atmosphäre tragen die sanften Hügel der früheren Kiesgrube bei.

92

Stockholms schweigendes Kulturerbe

Im Urlaub die Gräber fremder Leute besuchen? Auf die Idee würde in der quirligen Inselstadt Stockholm wohl kaum ein Besucher kommen. Doch wer das bunte Treiben mit Booten und Bars für ein, zwei Stunden gegen die atmosphärische Stille des Waldfriedhofs »Skogskyrkogården« eintauscht, wird es nicht bereuen.

Im Jahr 1914 plant die Stockholmer Stadtverwaltung im Süden der Stadt einen neuen Friedhof. Mittels eines internationalen Wettbewerbs sucht man die beste Idee, die hundert Hektar große, von Nadelwald überwachsene Kiesgrube in eine würdevolle Ruhestätte zu verwandeln. Die ursprüngliche Landschaft soll erhalten bleiben, gleichzeitig muss an Kunst und Architektur nicht gespart werden. Die Gewinner heißen Gunnar Asplund und Sigurd Lewerentz, damals erst 30 Jahre alt und später zwei der prägenden Architekten des Nordischen Klassizismus und des Funktionalismus.

Mit dem Waldfriedhof »Skogskyrkogården« haben sie einen Ort der Stille geschaffen, an dem moderne Architektur und naturbelassene Landschaft auf neuartige Weise harmonieren. Das Herzstück der Anlage ist der 1940 eingeweihte Komplex aus drei Kapellen und einem Krematorium, dessen markante, zerbrechlich wirkende Front aus dünnen Säulen sich im Wasser eines kleinen Teiches spiegelt.

In Stockholms Umgebung gibt es noch zwei UNESCO-Welterbestätten: das Schloss Drottningholm, wo das Königspaar lebt, und die Wikingerinsel Birka, im Sommer ein beliebtes Ausflugsziel.

Der Architekt Gunnar Asplund (1885–1940) fand hier seine letzte Ruhestätte, ebenso Schauspielerin Greta Garbo (1905–1990) und Musiker Tim »Avicii« Bergling (1989–2018). Im Gegensatz zum älteren Friedhof Norra Begravningsplatsen in Solna sind auf dem Skogskyrkogården aber sonst keine international bekannten Schweden bestattet. Man kommt auch nicht hierher, um einzelne Gräber zu suchen, sondern um das entrückte Gesamtkunstwerk aus Landschaft und Architektur zu bewundern, den Waldfriedhof, der seit 1994 auf der UNESCO-Welterbeliste steht.

Skogskyrkogården · Haupteingang immer geöffnet. Besucherzentrum: Mai–Sept. tägl., Okt. Sa–So sowie Allerheiligen 11–16 Uhr · Kapellslingan · 122 33 Stockholm · Tel. 08 50 83 17 30 www.skogskyrkogarden.se · T-bana bis Skogskyrkogården

Das Ausflugsziel Artipelag hat präparierte Spazierwege durch die Landschaft.

93

Kunstoase in den Schären

Die zeitgenössische Galerie »Artipelag« ist den 22 Kilometer weiten (See-)Weg in das Schärenstädtchen Gustavsberg wert: In die Landschaft aus Felsen und Wald eingebettet, besticht das Ausflugsziel durch moderne Architektur, interessante Designausstellungen, gutes Essen und Spazierwege durch die Natur.

Ein sonniger Sommertag in Stockholm ist eine ungeschriebene Einladung in die Schären, den Archipel aus ungefähr 30 000 Inseln und Felsen. Die Möglichkeit, mitten in der Stadt ein Schiff zu besteigen und durch die Inselwelt in der Ostsee zu gleiten, ist der Trumpf, mit dem die schwedische Hauptstadt andere Metropolen aussticht. Tagesausflug und Museumsbesuch schließen einander übrigens nicht aus, sondern lassen sich im »Artipelag« herrlich kombinieren. Der Name verspricht eine Symbiose aus Kunst (»Art«) und Archipel (»Arkipelag«), und die findet man auf der Halbinsel Hålludden in Gustavsberg, 22 Kilometer östlich von Stockholm. Das ganze Jahr über fährt ein Bus, doch ungleich schöner ist die Anreise per Boot im Sommer.

Am Ziel erwartet die Besucher die 2012 eröffnete Galerie in einem modernen Gebäude, die pro Jahr drei aufeinanderfolgende Wechselausstellungen mit internationalen Designern, Modeschöpfern oder Künstlern zeigt. Genauso beeindruckend wie die Kunst ist der Ausblick auf die Bucht Baggensfjärden. Die Eindrücke lassen sich bei einem Spaziergang über die hölzerne Promenade verdauen, die am Wasser entlang und durch den Kiefernwald führt. Für das leibliche Wohl sorgen das Restaurant, das ein luxuriöses Buffet auftischt, und das Café, das schnelle Gerichte serviert. Passionierte Konditoren kreieren außerdem kunstvolle Törtchen und zur aktuellen Ausstellung passendes Backwerk. Der Designshop der Galerie ist mit außergewöhnlichen Andenken gefüllt, außerdem gibt es Babyartikel von »Baby Björn«. Björn und Lillemor Jakobson, die Gründer der erfolgreichen Marke, haben nämlich das »Artipelag« finanziert, weil sie ihr Vermögen in eine Kunstoase in den Schären investieren wollten.

Artipelag · Di–So 11–17 Uhr. Mitte Juni–September auch Mo. · Artipelagstigen 1
134 40 Gustavsberg · Tel. 08 570 130 00 · www.artipelag.se/auf-deutsch
Anfahrtsmöglichkeiten siehe Homepage

In der Natur um die Galerie sind Skulpturen verteilt. Wer entdeckt sie alle?
Die moderne Architektur wirkt in der Natur besonders eindrucksvoll.

Wellness der Extraklasse: Das Spa »Yasuragi« im japanischen Stil ist ein ästhetischer Rückzugsort außerhalb der Stadt. Hier findet jeder innere Ruhe.

94

Entspannen wie der Kaiser von Japan

Das Wellnesshotel »Yasuragi« in den Stockholmer Schären ist ein weiteres Beispiel für die Faszination der Schweden für die japanische Kultur. Inmitten herrlicher Natur versprechen Reinigungsrituale und wohlkomponiertes Essen Entspannung bis in den letzten Nerv.

Wenn man es sich genau überlegt, ist es kein Zufall, dass sich in Schweden immer wieder Berührungspunkte mit Japan finden. Die Liste beginnt beim Café Koya (Seite 152) und dem Teehaus vom Völkerkundemuseum (Seite 102) und könnte mit unzähligen Sushi- und Ramenrestaurants fortgesetzt werden. Beiden Ländern gemeinsam sind die minimalistische Formsprache, das fischreiche Essen und die lange Badetradition. Und in der Wellnessoase »Yasuragi« kommen alle diese Dinge zusammen.

Das Erlebnis beginnt schon mit der Anreise, die neben Bus und Bahn auch mit Fähre ab dem Strömkajen möglich ist. Vom Fähranleger Hasseludden am Ziel ist es ein Kilometer Fußweg durch eine Waldlandschaft mit roten Schwedenhäuschen, bis sich das Wellnesshotel als schlichtes, mit dunklem Holz verkleidetes Gebäude präsentiert. Die Magie passiert innerhalb der Mauern, wo die Gäste in 191 Zimmern mit Blick auf Wasser und Schären innere Ruhe finden dürfen. Denn auch wenn man hier wegen des japanischen Bades herkommt, sind Architektur, Gestaltung der Zimmer, die Verpflegung und alles rundherum so abgestimmt, dass sie ein erholsames Gesamterlebnis bilden. Die Badesachen und den hübschen Bademantel namens »Yukata«, die jeder bei der Ankunft erhält, darf man gratis mit nach Hause nehmen.

Das Spa, in dem Kameras und Telefone tabu sind, beginnt mit dem japanischen Reinigungsritual. Darauf folgt das Bad, das wie ein kaiserlicher Innenhof angelegt ist. Die 39 Grad heißen Quellen im Freien beeindrucken vor allem im Winter, wenn die umgebenden Bäume und Gebäude von Schnee bedeckt sind. Das Kohlensäurebad kitzelt behaglich, während das Kaltbad mit 12–14 Grad etwas Mut verlangt. Das Bergbad ist direkt in den Felsen gehauen, auf dem das Hotel steht, und in der 40 Grad warmen Schlafsauna mit steinernen Kopfkissen fallen einem nach dem Wechselbad wirklich bald die Augen zu.

Yasuragi · Besuch mit oder ohne Übernachtung möglich · Hamndalsvägen 6 · 132 39 Saltsjö-Boo
Tel. 08 747 64 00 · www.yasuragi.se · Fähre oder Bus bis Hasseludden. Verbindungen siehe www.sl.se.

Die historischen Dampfer der Reederei Strömma stechen regelmäßig mit hungrigen Passagieren in See. An Bord gibt es feines Essen vom Buffet oder à la carte.

Bootstour mit Kabeljau statt Kopfhörern

95

Während eine Sightseeing-Tour zu Wasser beim ersten Stockholm-Besuch einen Überblick über die Geografie und Geschichte der Stadt gibt, geht es bei den kulinarischen Bootstouren um Genuss und eine entspannte Zeit. Die Auswahl reicht von Pizza bis Fine Dining.

Die Reederei »Strömma« ist Stockholms erster Anlaufpunkt für Bootstouren, und jeder Tourist steigt früher oder später in ein Sightseeing-Boot ein. Wer lieber mit Einheimischen über das Wasser schippert, bucht statt Sightseeing einen kulinarischen Ausflug in einem der charmanten historischen Schiffe. Die Auswahl reicht von der 90-minütigen Pizzafahrt durch die Stadt bis zur fünfstündigen Genießertour weit hinaus in die Schären. Die »schwimmenden Restaurants« haben jeweils eine eigene Küche an Bord, wo namhafte Köche die Gerichte frisch und aus hochwertigen Zutaten zubereiten.

Im Advent wird das klassische Weihnachtsbuffet, das »Julbord«, an Bord serviert. Sich zu Wasser durch Glögg, Rentierherz und »Janssons Versuchung« zu kosten, ist ein unvergessliches Highlight.

In der Hochsaison, wenn die Sonne bis 21 Uhr scheint, bietet sich eine Dinnercruise als stimmungsvolles Abendprogramm an. Die 1909 erbaute »S/S Drottningholm«, die noch immer mit Dampf unterwegs ist, verspricht mit einem Vier-Gänge-Verkostungsmenü Spitzenküche mit Flair. Auf dem Weg zur Insel Drottningholm passiert sie mehrere Inseln im Mälarsee. Flexibel is(s)t man hingegen auf dem Jugendstildampfer »S/S Stockholm« auf der Fahrt zur Insel Vaxholm und zurück, denn hier wählen die Gäste im Voraus oder an Bord aus der Speisekarte mit schwedischen Klassikern und dem üppigen Desserturm »nach Art des Bootes«.

Wer lieber tagsüber in See sticht, hat die Auswahl zwischen Schärenfahrt mit Brunchbuffet und verschiedenen Mittagstouren mit Tagesgerichten nach Wahl. Auch charmant: Die »Afternoon Tea«-Fahrt mit einem süßen Buffet voller Scones, Nachspeisen, Kuchen und Käse, das von einem Glas Sekt vergoldet wird. Die Fahrten können online vorbestellt oder vor Ort am Ticketstand gebucht werden.

Strömmas Dinnerfahrten · Ticketstand: Nybrokajen · 111 48 Stockholm · Tel. 08 12 00 40 00
www.stromma.com/de-se/stockholm/dining-cruises · T-bana bis Kungsträdgården

96

Grüne Auszeit in den Schären

Die Insel Grinda ist ein lohnendes Ziel für einen Tages- oder Halbtagesausflug in die Schären. Nach eineinhalb Stunden Bootsfahrt findet man sich hier in einem von Meer umgebenen Naturschutzgebiet wieder, durch das ein Wanderweg führt. Das beliebte Gasthaus ist Treffpunkt für Wanderer und Segler.

Der Schärengarten mit rund 30 000 Inseln ist eine der berühmtesten Attraktionen von Stockholm. Doch genauso groß wie die Faszination ist für Besucher oft die Verwirrung, wenn es um Auswahl der Inseln und Lesen der Bootsfahrpläne geht: verschiedene Reedereien, mehrere Haltestellen in Stockholm, saisonal variierende Fahrpläne und Namen mit vielen »ö«s können aus Schärenlust schnell Fährenfrust machen. Da helfen nur zwei Dinge: zu Hause Karten studieren und die Inselrunde im Voraus planen oder eine beliebte Insel nahe der Stadt wählen, wo mehrere Fähren anlegen. Grinda ist so eine leicht erreichbare Insel, auf der sich Naturliebhaber wohlfühlen. Sowohl die Cinderella-Boote der Reederei Strömma als auch die Fähren von Waxholmsbolaget kommen hier vorbei, was mehrere Möglichkeiten bei der Hin- und Rückfahrt bietet.

Die 177 Hektar große Insel ist ein Naturschutzgebiet mit Nadel- und Laubwald, mehreren Badestellen, offenem Ackerland und Wiesen, auf denen Kühe weiden und Hühner gackern. Die Tiere vom Bauernhof »Grinda Gård« sorgen dafür, dass die Insel nicht zuwächst. Der 2,5 Kilometer lange Wanderweg »Grindastigen« geleitet Besucher durch die einmalige Schärennatur. Im Gästehafen gibt es außerdem einen Kajakverleih.

Man braucht keinen Picknickkorb zu packen, um auf der Insel zu überleben: Das Gasthaus »Grinda Wärdshus« serviert von März bis Oktober erstklassige Schwedenküche. Im Sommer gibt's außerdem im Bistro »Framfickan« direkt am Hafen leichte Köstlichkeiten und kühle Getränke. In der Hochsaison hat auch ein kleiner Supermarkt geöffnet. Wer in der maritimen Idylle übernachten möchte, hat – bei rechtzeitiger Buchung mehrere Wochen im Voraus – die Auswahl zwischen einfachem Ferienhaus und voll ausgestatteten Hotelzimmern.

Grinda Wärdshus · Södra Bryggan Grinda · 185 99 Vaxholm · Tel. 08 54 24 94 91 · www.grinda.se
Verbindungen siehe www.stromma.com/grinda bzw. www.waxholmsbolaget.se

Mit dem ansehnlichen Gasthaus, dem belebten Hafen und der geschützten Schärennatur ist die Insel Grinda von Frühling bis Herbst ein ideales Ausflugsziel.

Sandhamn am äußeren Rand des Archipels zieht Besucher mit seiner abgelegenen Idylle an. Die fiktive Mordrate ist hoch, aber die Realität zeigt sich friedlich.

Stockholms schönster Tatort

97

Die Schäreninsel Sandhamn, weit draußen in der Ostsee, ist eine kleine Welt für sich. In der warmen Jahreszeit füllt sich das Dorf rund um den Hafen mit Sommergästen. Die Insel ist weltberühmt, seit Krimiautorin Viveca Sten hier ihre Mordfälle der Serie »Mord im Mittsommer« spielen lässt.

Während die Insel Grinda ein kleines Naturparadies ist, lockt Sandhamn im Sommer mit dem lebendigen Flair eines Urlaubsortes. Wenn die Schweden von Mitte Juni bis Mitte August ihre gesetzlich garantierten fünf Urlaubswochen nehmen, zieht es sie statt in ferne Länder eher in ihre eigenen Urlaubshäuser, entweder auf dem Land oder auf einer Insel. Sandhamn zählt zu den besonders begehrten Inseln: Im Sommer steigt die Anzahl der Bewohner von 100 auf 3000, hinzu kommen Tausende Touristen und Tagesbesucher.

Wer eine ausgedehnte Bootstour und die Aussicht auf viele Inseln und schmucke bunte Schwedenhäuschen mit einem Tag zum Bummeln, Spazieren, Essen und vielleicht Baden kombinieren möchte, ist auf Sandhamn richtig. Der Hafen ist gesäumt von Restaurants, Cafés und Geschäften, der Turm des Seglerhotels ein unübersehbares Wahrzeichen der Insel. Es gibt einen Supermarkt, eine Cocktailbar, eine charmante Bäckerei und sogar eine kleine Kirche.

Ist das Dorf erkundet, lohnt sich der Spaziergang quer über die Insel. Der (einzige) Weg führt mitten durch einen Kiefernwald mit viel Moos und Heidekraut. Ursprünglich bestand die Insel nur aus Felsen und Sand – daher der Name – und die Insulaner pflanzten die Bäume selbst, um zu verhindern, dass die scharfe Meeresbrise den Sand davontrug. Am Südende der Insel, etwa 20 Gehminuten vom Hafen entfernt, lädt der weiße Sandstrand »Trouville« dazu ein, zumindest einen großen Zeh in die Ostsee zu tauchen und den Blick auf das offene Meer zu bewundern.

Die zweistündige Bootsfahrt von Stockholm nach Sandhamn ist eine gute Gelegenheit, in einen der berühmten Sandhamn-Krimis von Viveca Sten hineinzuschnuppern, die auf Deutsch übersetzt sind. Im Seglerhotel liegt eine Karte auf, die zu den Tatorten führt.

Sandhamn Seglarhotell · Sandhamn 378 · 130 39 Sandhamn · Tel. 08 57 45 04 00
www.sandhamn.com, www.sandhamn.se/de · Verbindungen siehe www.stromma.com/sandhamn

98 Zelten für Genießer

Nur durch drei Millimeter Stoff von der Natur getrennt sein, vom Bett aus Wellen und Boote beobachten und direkt am Wasser frühstücken – das ist Glamping in den Stockholmer Schären. Die Insel Svartsö liegt eineinhalb Bootsstunden von der Stadt entfernt, und im Sommer kommen auf jeden der 65 Inselbewohner zehn Urlauber. Wer das Exklusive sucht, bezieht statt der Pension eines der drei Luxuszelte von Svartsö Logi. Die sind mit richtigen Betten, Heizkörpern und Steckdosen ausgestattet – zu einem Hotelzimmer fehlt nur das Bad. In der Übernachtung inbegriffen sind das Vier-Gänge-Abendessen im Restaurant Svartsö Krog und der gut gefüllte Frühstückskorb.

Svartsö Logi · Mai–September · Svartsö Alsviks Udd 397 · 130 34 Skälvik · www.svartsologi.se
Verbindungen siehe www.stromma.com/sandhamn

99 Zwischen Meer und Metropole

Weil das Hotel »J« theoretisch nicht mehr direkt in Stockholm, sondern etwas außerhalb im Vorort Nacka Strand liegt, fällt es bei der Hotelsuche in der Reisevorbereitung schnell durch. Doch die verkehrsgünstige Lage ist ein großer Pluspunkt, vor allem, wenn man sowohl die Stadt als auch die Schären erkunden möchte. Direkt vor dem Hotel fahren nämlich Fähren ins Stadtzentrum ab, außerdem halten hier die Cinderella-Boote, die die Schären ansteuern. Das nautische Leitmotiv wird auch im Inneren des Hotels fortgesetzt, wo angesichts der blau-weiß gestreiften Stühle und Kissen, der fischreichen Speisekarte und der Veranda mit Meerblick Urlaubsstimmung aufkommt. Ein Badesteg und eine Sauna mit Aussicht warten auf mutige Schwimmer.

Hotel J · Ellensviksvagen 1 · 131 52 Nacka Strand · Tel. 08 601 30 00 · www.hotelj.com
Fähre oder Bus bis Nacka Strand

Das Beste aus zwei Welten: Hotelkomfort und Nähe zur Natur im Glampingzelt.
Auch das »Hotel J« in Nacka vereint Meeresduft mit bequemer Unterkunft.

Design, Natur und Wasser: Stockholms Charme liegt in dieser Dreifaltigkeit.

Register

Essen und Trinken

Einkaufen

Freizeit und Familie

Natur

Kunst und Kultur

Überraschendes

Entspannung

Verantwortlich: Annika Wachter
Lektorat: Rainer Schöttle
Layout: Sabine Knape
Repro: LUDWIG:media
Korrektorat: Gisela Wunderskirchner
Umschlaggestaltung: Ralph Hellberg
Kartografie: Kartographie Huber, Heike Block
Herstellung: Alexander Knoll
Printed in Slovenia by Florjancic

★★★★★

Sind Sie mit diesem Titel zufrieden? Dann würden wir uns über Ihre Weiterempfehlung freuen.
Erzählen Sie es im Freundeskreis, berichten Sie Ihrem Buchhändler oder bewerten Sie bei Onlinekauf.
Und wenn Sie Kritik, Korrekturen oder Aktualisierungen haben, freuen wir uns über Ihre Nachricht an Bruckmann Verlag, Postfach 40 02 09, D-80702 München oder per E-Mail an lektorat@verlagshaus.de.

Unser komplettes Programm finden Sie unter www.bruckmann.de

Bildnachweis: Alle Bilder stammen von Lisa Arnold, außer:
S. 7 (Rooftop Tours), S. 14 (Shutterstock/Liub Shtein), S. 25 (Fredrik Skogkvist), S. 27 o. (Mats Liliequist), S. 30 (Nobis Group), S. 42 (Centralbadet), S. 49 o. (Andreas Teien Hallman), S. 51 (Lennart Weibull), S. 52 (Nationalmuseum), S. 55 o. (ArkDes), S. 62 u. (Hallwylska), S. 69 (Katriina Mäkinen), S. 70 (Kungliga Biblioteket), S. 75 (Jonas André-Scenkonstmuseet), S. 81 (Shutterstock/ Neirfy), S. 82 (Shutterstock/Tupungato), S. 93 (Karolina Kristensson), S. 94 (Oaxen Krog & Slip), S. 96 o. (Anders E Skånberg), S. 109 o. (Restaurang Mosebacke), S. 117 o. (Teatern), S. 142 (Galerie Nordenhake), S. 153 o. (Cafe Koya), S. 154 o. (Åke Eson Lindman), S. 154 u. (Jean-Baptiste Beranger), S. 157 o. (Stiftelsen Filmstadens Kultur), S. 157 u. (Nobis Group), S. 162 (Martin Stenmark), S. 166 (Leo Bülow), S. 168 o. (Soren Andersson), S. 168 u. (Skanska), S. 171 o. (Skistar), S. 172 (Susanne Hallman), S. 177 o. (Samuel Lind), S. 177 u. (Björn Lofterud), S. 178 (Yasuragi), S. 197 u. (Nobis Group), Umschlagseite 1 (Zimtschnecken: Shutterstock/timquo; Gamla Stan mit Spiegelung: Shutterstock/Oleksiy Mark)

Die Deutsche Nationalbibliothek verzeichnet diese Publikation in der Deutschen Nationalbibliografie; detaillierte bibliografische Daten sind im Internet über http://dnb.d-nb.de abrufbar.

ISBN 978-3-7343-1427-8